불교미술 이해의 첫걸음

불교미술 이해의 첫걸음

신 대 현 지음

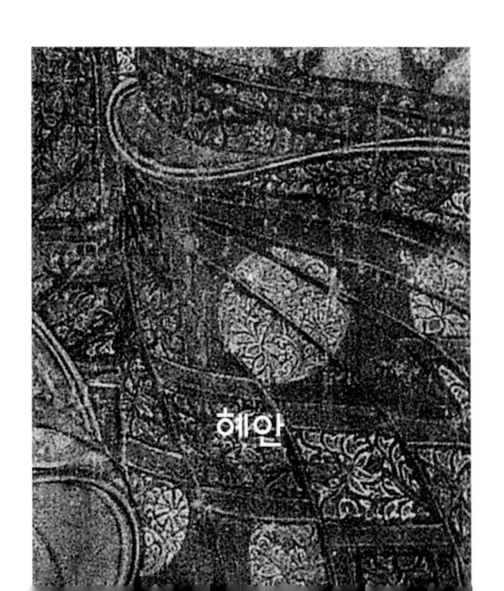

책머리에

예술을 오랫동안 공부하다 보니 과연 예술은 무엇이고, 그것을 느끼는 본질은 무엇이며, 그리고 예술을 감상하는 게 우리 삶에서 어떤 가치가 있을까 고민할 때가 많다. 어려운 문제라 아직 해답을 못 얻었다. 하지만 예술은 결국 삶 속에서 만들어지고, 삶은 또 예술에서 위안을 받는다는 것쯤은 알게 되었다. 그래서 삶과 예술은 서로 통하는 것이라고 그중 하나를 알게 되면 다른 하나를 더 잘 이해할 수 있다고 결론 짓게 되었다.

예술의 한 분야인 미술은 형태, 곧 조형造形을 통해 아름다움을 표현한다. 아름다움은 고정되거나 불변하는 게 아니어서 시대나 나라에 따라 다르게 나타나기 마련이다. 이른바 형식과 양식에서 차이가 나는 것도 이 때문이다. 익숙한 우리 것이 아니라 다른 시대 다른 나라의 미술 작품을 대하면서도 감동하게 되는 것은, 미술의 본질이 단순히 외형에만 있지 않기 때문이다. 보다 중요한 것은, 아름다움을 느끼고 싶어하는 사람의 본성에 있다.

미술 작품은 선과 형태 그리고 색 때문만에 아름답다고 느껴지는 건 아니다. 시각적 기술을 구사하는 방식은 나라마다 시대마다 유행을 타며 변하는 것일 뿐, 미술의 본질은 아니다.

그것보다는, 미술 작품에 녹아 있는 역사와 문화의 감수성을 느낄 때 사람들은 더욱 감동하는 것 같다. 작품에는 그것을 만든 작가의 미감美感 · 예술혼과 더불어, 그들이 함께 살았던 동시대 사람들의 애환과 문화가 어우러져 있기 마련이다. 사람들은 이것을 감지할 때 작품의 진정한 아름다움을 느끼는 것 같다. 그래서 미술 작품 중에 이해 못할 만큼 어렵거나 낯선 것은 없다고 생각한다.

우리나라 불교미술을 감상하고 이해하는 방식도 마찬가지일 것이다. 작품에 녹아 있는 역사와 문화의 상징성을 파악하고 느낀다면 감동이 배가된다. 불교미술이 일반미술과 다른 점은 종교적 의미와 상징성이 다른 종류의 미술보다 더 다양하게 구성된다는 점이다. 상징과 장엄은 불교의 이상인 자비와 성찰을 미술적으로 구현한 것이다. 이를 통해 불교미술 작품에 담긴 옛날 사람들의 생각과 문화적 감각, 사회적 분위기가 녹아들어 있음을 본다면 불교미술의 가치와 의미가 훨씬 가깝게 다가올 수 있다.

이 책은 불교미술 여러 분야의 개념을 이해하는 데 중점을 두고 썼다. 불교미술을 궁금해하는 사람들이 처음부터 차근차근 읽어 나가면 도움이 되도록 구성했다. 한편으로는 불교미술의 기본 이론도 담았기에 이해의 단계가 높아진 사람들, 대학 또는 대학원에서 불교미술을 공부하는 사람에게도 어느 정도 쓸모가 있으리라고 생각한다.

이 책에는 불교미술뿐만 아니라 나의 불교사적 관점도 담았다. 미술은 역사와 밀접하게 관련되어 있으므로 역사의 이해가 바탕이 될 때 미술의 해석이 좀 더 정교해진다. 불교미술이 탄생한 시대적 배경을 알고

나야 역사와 문화가 어떻게 미술에 투영되었는지 비로소 보이기 시작하는 것은 이 때문이다.

또 불교미술은 장식되는 공간을 빼놓고 이야기할 수 없다. 그렇기에 사찰이라는 공간을 좀 더 이해할 수 있도록 전각부터 마당, 그리고 절 입구까지 구석구석 의미를 설명했다. 그런 의미에서 독자가 아직 못 가본 곳이라도 미리 눈으로 익힐 수 있게끔 본문에 사진을 풍부하게 배치하였다. 미술을 보는 눈을 높이려면 실물 또는 현장을 자주 탐방하는 게 가장 좋지만, 이렇게 사진으로 눈에 익혀놓으면 나중에 직접 볼 때 도움이 될 것이다.

책을 출판할 때는 울울한 장송들이 이미 빽빽이 들어선 숲에다가 다시 고목 한 그루를 심는 게 아닌가 싶어 늘 조심스럽다. 그래도 마른 나무 한 그루나마 너른 들판의 경관에 보탬이 되기를 바라는 마음으로 탈고했다. 이 책이 우리나라 불교미술의 역사와 의미를 이해하는 데 조금이나마 도움이 되기를 기대해 볼 따름이다.

2020년 11월

당주동 우거에서 신 대 현

차례

1장

역사 속의 우리 사찰 이야기

■ 역사와 문화가 쌓여 이뤄진 '종합 문화 공간', 사찰

불교가 이 땅에 전래된 지 1,700년이 흘렀다. 많은 사람들의 정신세계와 관습에 종교적으로 깊은 영향을 준 것은 물론이고, 사상·경제·문화 등 사회 전반에도 또한 큰 영향력을 미쳤다. 불교가 대중화한 4세기 이래로 삼국시대, 고려시대 그리고 조선시대에 이르기까지 불교 수행자들은 물론이고, 일반인들도 학문과 지식을 기르기 위해 찾아와 공부와 수양한 곳이 사찰이었다. 정신을 맑게 해주고 몸가짐을 반듯하게 해주는 데 더할 나위 없이 알맞은 공간이었기 때문이다.

사찰을 중심으로 전통 문화와 관련된 여러 유·무형의 활동이 이루어져 왔으니, 우리 역사를 통틀어 봐도 그 오랜 세월 동안 이만큼 우리의 문화와 정서에 지대한 역할을 한 데도 없을 것 같다. 무엇보다도 사찰은 세상을 살아오며 힘들고 어렵고 괴로웠던 사람들이 위안과 평화를 빌고 얻었던 자리이기에, 우리들의 문화와 정서의 공감대가 켜켜이 쌓이고 이루어지던 그런 공간이었다.

이렇듯 오랜 역사와 함께 문화와 지성이 자라온 터이기에 오늘날에도 신앙만으로 절을 찾지는 않는다. 여행이나 문화 탐방으로나 혹은 수학여행이나 소풍으로든 우리나라 사람 대부분은 한 번쯤 가보았을 것 같고 또 가보고 싶어 하는 곳이 사찰이기도 하다.

그런 면에서 사찰은 역사적, 문화적 체험을 하는 종합문화공간이라 해도 될 것 같다. 보고 느낄 만한 것이 많기에 어떤 이유로 찾아갔든 산문을 돌아서나오는 발걸음은 가볍고 산뜻해진다. 그래서 '템플 스테이' 같은 사찰 체험 프로그램이 꾸준히 이어진다. 짧으나마 사찰 탐방을 마치고 나오는 걸음걸이에 마음이 편해지고, 일상에 찌든 몸과 마음을 깨끗이 비우고 왔다고 느끼게 된다. 평소에 갈망하던 문화적 충족을 자신도 모르게 이뤄서 그럴 것이다.

우리의 주변에서 역사, 문화, 정서가 한데 모여 있고, 특히 우리의 다양한 전통미술이 어우러진 단일 공간을 절 외에 달리 찾기 어렵다. 그렇다면 종교적 엄숙성을 걷어내고 이렇게 자문해 볼 수 있다.

'절에 가서 과연 무엇을 볼 것인가?'

이 물음에, "절에서 우리의 전통미술을 보라"고 답해줄 수 있다. 절은 우리 문화의 최대 보고寶庫이기 때문이다. 국보며 보물과 같은 지정문화재 가운데 70%가 불교 관련 문화재라는 예를 굳이 들지 않더라도 불교문화재가 우리의 전통미를 잘 대변하고 있음은 누구나 인정한다. 전각을 비롯해 불상·불화 같은 상설像設은 곧 그 자체로 우리나라 건축사와 조각사, 그리고 회화사의 커다란 흐름이기도 하다. 또 비록 이런 지정문화재가 아니라 근래에 지은 전각이고 얼마 전에 봉안한 불상과 불화라 하더라도 충실하게 전통적인 미를 구현하고 있다면, 그 자체로 의미가 적지 않다. 이렇게 보면 절 자체가 살아 있는 박물관이라고 하는 말이 과장만은 아닐 것이다.

불교미술을 어떻게 볼 것인가

불상이나 불화, 석탑, 장엄구 같은 불교미술을 잘 감상하려면 조형이 나타내는 의미와 더불어 시대에 따라 형태가 변하는 원리인 양식樣式, 형식形式 등을 이해해야 한다. 형태의 의미, 그리고 양식 및 형식을 체득하면 감상을 넘어서서 분석도 가능해진다. 그런데 이런 세밀한 부분을 이해하는 능력은 금세 얻어지지 않는다. 오랫동안 유물이나 유적이 있는 현장을 찾아 작품을 봐야 하면서 불교미술사의 이론적 배경도 함께 연구해야 한다. 한편으로는 불교미술을 이해하는 핵심 요소가 조형성造形性 판독인데, 작품이 탄생하고 변하게 된 역사적 맥락과 문화적 배경도 알아두어야 올바른 판독이 가능하다.

미술과 문화재는 서로 어떤 관계인가? 예술로서의 미술에는 고차원의 정신세계가 담겨 있어서 그것을 창작·감상하는 데에는 역사와 문화에 대한 이해가 필요하다. 그에 비해서 문화재라는 말에는 '동일한 역사적 배경을 갖는 동시대 사회의 구성원들이 함께 기념할 만한 문화적 가치가 있는 미술적 작품'이라는 함의含意가 있다. '미술'보다 '문화재'가 좀 더 대중적 친근감을 갖추고 있다고 할 수 있다.

그래서 문화재 중에는 예술성보다 시대성이 더 두드러지는 작품도 적지 않다. 그렇다고는 해도, 둘 사이에 의미가 겹치는 영역도 많아서 종종 미술과 문화재가 명확히 구분되지 않기도 한다. 불교미술과 불교문화재 역시 이런 개념에서 벗어나지 않는다.

불교문화재는 사찰이라는 공간을 통해 불국토佛國土를 구현하고 장엄莊嚴하기 위한 것이다. 불상이나 불화, 탑이나 부도 등 불교문화재 하나하나가 불교도들에게는 경배의 대상이어서 '성보聖寶 문화재'라고도 부른다. 불교문화재는 이렇게 신앙과 장엄을 위해 탄생하였기에 예술적 감상 이전에 그 의미를 이해하는 게 중요하다. 그래서 설령 박물관에 있는 불교문화재를 보더라도 머릿속에 절이라는 공간을 그려 놓고서 거기에 그 작품을 배치해놓고 바라보아야 더 잘 보인다. 어떤 사람을 이해하려 할 때 그 고향을 알면 더 잘 알게 되는것과 같은 이치라고나 할까.

우리 전통 건축미를 잘 간직한 법당 등의 전각殿閣, 그 전각 내부의 중심을 차지하고 있는 불상과 불화, 석탑, 석등, 부도 등 여러 작품들이 절 마당을 수놓고 있다. 오늘날 불교문화재로 통칭되는 이들은 미술 작품인 동시에, 형태에 담긴 상징과 은유를 통해 불교의 이상과 교리를 사람들에게 이해시키는 안내자라고도 할 수 있다.

불교미술을 이해하는 데 필요한 기본 지식은 수준 높은 교리나 미술사

적 지식만으로 채워져 있지 않다. 불상이며 불화, 그리고 이들이 봉안된 전각의 기본 형태와 명칭만 알아도 넉넉히 감상할 수 있다.

공간의 미학, 사찰 건축의 아름다움과 정연한 배치

사찰에는 여러 종류의 불상과 보살상들이 봉안되기 마련인데, 금당은 그 사찰에서 신앙적으로 가장 중심이 되는 불상이 있는 전각을 말한다. 사찰의 건물 구성은 먼저 공간의 중간이 되는 자리에 높게 축단을 쌓아 금당을 짓고, 그 좌우 또는 앞뒤로 그 외의 불상 및 보살상을 안치한 법당法堂이라 통칭되는 전각들을 배치한다.

남양주 봉선사의 금당인 큰법당(중앙)과 전각들

오늘날 우리가 찾아가는 명찰, 대찰은 조선시대 중기에서 후기 사이에 중창 또는 중건된 곳이 대부분이다. 시기로 본다면 17세기 이후에 해당한다. 당시 중창의 특징은 창건 때처럼 일시적이 아니라 점진적으로 이뤄졌던 점이다. 전각을 짓거나 불상, 불화 등을 조성해 봉안하는 일 등을 불사佛事라고 한다. 국가의 경제가 어려운 때였으므로 일시에 대규모 불사를 하기는 어려웠기 때문에 중심 전각인 금당부터 진행되었다. 금당을 새로 짓고 수십 년이 지나서야 주변의 건물을 짓는 일도 흔했다. 그래서 지금 볼 때 가장 오래된 건물은 금당인 경우가 대부분이다.

이처럼 17세기 이후 사찰의 주요 전각은 순차적으로 건설되었고, 사찰에 거주하는 승려와 신도들의 생활공간인 요사寮舍 그리고 여러 불교 의식을 거행하기 위한 건물들이 잇따라 세워졌다. 다만 유수의 대찰을 제외한 작은 규모의 산사山寺 대부분은 의식 전용의 건물을 세울 여력이 못 되므로 금당 혹은 법당이 그런 기능을 겸했을 것이다.

그 결과 고려시대 금당에는 없던 영단靈壇, 곧 죽은 사람들의 영혼을 천도薦度하기 위해 놓아두는 위패를 봉안하는 공간이 새롭게 나타나게 되었다. 또 신라시대부터 사

부안 내소사 설선당의 굽은 부재

찰과 불세계를 옹위한다는 의미를 갖고 독립적으로 배치되었던 인왕상 및 사천왕상 등 신중상神衆像들도 금당 및 법당에 한데 봉안되었다.

조선시대 후기 사찰의 변화를 건축 면에서 본다면, 자재의 부족을 해결하기 위해 목재를 최대한 활용한 점을 들 수 있다.

전라북도 부안 내소사 설선당說禪堂처럼 천장의 재목 중 일부를 자연목 상태로 굽은 부재를 거의 다듬지 않은 채 쓴 게 그것이다. 이는 사실 사찰 건물뿐만 아니라 궁실을 제외한 일반 건물에서도 나타나는 모습이기도 하다. 교묘하게 다듬지는 않았어도 당시의 순수하고 고양된 미의식을 상징하고 있는데, 사실 이런 것이 우리 예술의 특징이기도 하다. 그래서 오늘날 미학적으로 건축미가 탁월하게 발휘되었다는 평가를 받는다.

예를 들면 초석楚石만 해도 신라나 고려의 잘 다듬어진 반듯한 돌이 아니고 울퉁불퉁한 자연석을 사용했다. 자연친화의 극한이라 할 만하다. 그 결과 그 위에 올라가는 기둥 밑둥이를 초석의 면에 맞도록 일부러 가지런하지 않게 한 '그랭이질'이라든가, 기둥을 하나가 아닌 몇 개의 작은 목재로 이어붙인 기법 등이 조선시대 후기에 나타났던 새로운 현상이었다.

조선시대 후기에는 중심이 되는 공간 뒤쪽으로 금당이 자리하고, 맨 앞에는 누각樓閣을 두었다. 금당 좌우와 그 앞쪽으로는 금당 외의 법당들, 예컨대 나한전, 극락전, 관음전, 명부전 등이 배치된다. 법당 뒤쪽은 선방과 요사가 놓인다. 이렇게 되면 대략 평면상 아래위로 길쭉한 직사각형을 이루고, 금당이나 요사 등의 건물 앞으로 넓은 마당이 형성된다. 이른바 '산지중정형山地中庭形' 가람배치인데, 이러한 구조가 조선시대 사찰의 가장 일반적 모습이었다.

부안 내소사 전경(산지중정형의 대표적 사찰)

고양 흥국사 대방

조선시대 말기에는 '대방大房'이라 부르는 새로운 건물이 선보였다. 서울 근교와 경기도를 중심으로 나타났던 건물인데, 기본적으로는 대중들의 염불 및 접대를 위한 것이고, 여기에 더해 승방과 부엌, 공양간의 기능까지 하는 다목적 건물이다. 대체로 요사와 붙어있거나 전각 앞쪽 누각 한쪽에 마련되었다. 오늘날에도 이 대방은 규모가 있는 사찰에는 어김없이 자리하곤 하는 공간이다.

경내로 들어서기 전에 만나는 전각들 -문과 누 그리고 다리

사찰은 진입하는 방향에서 본다면 일주문을 먼저 지난 다음 누각을 통해 절 마당으로 들어서는 게 보통이다. 조선시대 사찰의 특징 중 하나가 문이 많다는 점이다. '일주문'이라는 이름이 가장 많은 편이지만, 그것 말고도 천왕문·금강문·해탈문 등 다양한 이름의 문들이 있다. 작은 사찰은 하나만 있지만 대찰 중에는 모든 종류의 문을 거의 다 갖춘 곳도 있다. 절을 찾는 사람이 보기에는 문이 끝없이 이어진다고 감탄을 연발할 만하다.

민가나 궁궐 건축에서는 문에 담장이 잇대어 있지만, 사찰의 문에는 담장이 없다. 담장을 두지 않은 것은 너와 나의 구별을 하지 않고, 오고 감을 자유롭게 하겠다는 뜻이다. 담이 없으니 시각적으로 트이고, 공간적으로 입체감이 높아졌다. 이런 가람배치는 일시에 완성된 것이 아니고 대부분 17세기 이후 중건을 통해서 서서히 자리 잡았다.

밑을 지나면서도 그 위에 뭐가 있는지 잘 눈치채지 못하는 건축물이 누樓이다. 사실 누 혹은 누각樓閣은 조선시대 사찰 가람배치에서 꽤 중요한 요소였다. 누각은 단층 혹은 2층으로 구성된다. 2층일 경우 아래는 출입을 위한 문이나 계단이 있기에 자연스럽게 사찰의 경내 안팎을 구획하는 역할을 한다. 2층은 대체로 벽면이나 창이 없는 구조라서 시야가 확 트여있어 주변을 멀리 조망할 수 있다. 공간도 널찍하여 강학講學이나 의식을 열 수 있어 다목적으로 활용되었다. 누의 미덕과 정점은 여기서 그치지 않는다. 누각 내외에 절이나 건물 이름이 적힌 편액扁額 그리고 이곳에서 읊은 시나 절의 역사를 적은 현판懸板을 걸어놓음으로써 문학과 역사를 담은 풍취 가득한 건축이 되기도 했다.

이 편액과 현판은 요즘은 옛 정취를 자아내는 꾸밈과 장식 정도로 인식되는 데 그치는 경우가 많지만, 그 절의 역사와 문화에 관한 기록이 이 편액과 현판에 담겨 있기에 사실은 소중한 문화재이기도 하다. 그렇지만 사찰 측은 그에 걸맞은 손길을 주지 않고, 이곳을 찾는 사람들도 관심과 호기심의 눈길을 주지 않는 데가 적지 않아서 아쉽다. 사찰 문화 중에서 비교적 저평가되는 부분이다.

산사는 계곡을 끼고 자리하는 지리적 특성으로 인해 다리[橋]가 놓이는 경우가 많다. 다리는 꼭 사찰만을 위한 것이 아니라 주변 민가의 생활 편의에도 도움을 주는 것이어서 주위 환경과의 친화를 적극적으로 고려한 조선시대 사찰 건축의 또 하나의 특징으로 꼽을 수 있다. 사찰의 누각과 다리에 대해서는 뒤에서 별도로 설명하였다.

절터, 텅 빈 공간에서 만나는 절의 역사와 삶의 얼굴

한때 법등法燈을 환하게 밝혔으나 지금은 폐허가 된 사지寺址, 곧 절터는 숨어 있는 문화의 보고寶庫다. 잘만 살피면 눈에 보이는 것 이상의 가치를 느낄 수 있다.

사람들에게 '절터[寺址]'라는 이미지는 아무렇게나 웃자라 무성한 나무 그늘 아래 자리한 황량한 터, 낙엽이나 잡초에 반쯤 가려진 낡은 주춧돌 몇 개, 여기저기 널브러져 뒹구는 깨진 기왓장들이 뒹구는 모습으로 그려질지도 모르겠다. 스님도 없이 쓸쓸히 절터를 지키는 석탑이며 석등, 부도들은 이곳을 찾은 사람으로 하여금 화려했을 옛 자취를 상상하며 처연한 마음을 갖게 할 수도 있다. 그래서인지 고려시대부터 지금까지 절터에서 인생의 덧없음을 노래한 시인들의 작품이 적잖게 전한다.

전국에 산재한 절터가 얼마나 되는지 정확한 집계는 나와 있지 않다. 5천여 곳이라는 보고서도 있다. 얼핏 보면 적지 않은 숫자처럼 느껴진다. 하지만 깊은 산속이나 땅 아래에 아직 알려지지 않은 절터가 많을 터이고, 집이며 공장을 짓느라 있는지도 모른 채 없애 버린 절터도 있을 테니 실제로는 이보다 훨씬 많을 거라고 봐야한다. 전국의 사찰과 절터를 다녀본 경험으로 보아 열 배는 더 되지 않을까 하는 생각이 든다.

고려 때 일연一然 스님은 《삼국유사》에서 '하늘의 별처럼 숱한 절들이 늘어섰고, 허공에 날아가는 기러기 떼 마냥 많은 탑들이 늘어섰구나

강릉 굴산사지 전경과 당간지주

寺寺星張 塔塔雁行'라고 노래했다. 8세기 신라 경주 시가지에 빼곡하게 들어선 사찰들의 성관盛觀을 읊은 시다. 신라 이후 고려로 오면서 불교가 국교國教가 되고 사찰이 더욱 늘어났으니, 과연 지금까지 이 땅에 얼마나 많은 절들이 들어섰고 또 사라졌을까 따져볼 수조차 없다.

독경소리 가득했을 절이 폐사廢寺 되는 이유는 여러 가지였겠지만 불이 나 전각들의 일부 또는 전부가 타버려 절로서의 기능을 하지 못한 경우가 가장 많았을 것이다. 향을 피우고 촛불을 밝혀 기도하는 일은 절에서 자주 있는 일이기에 이로 인한 화재는 상존하는 위험 요소였다. 소방시설이 시원찮았던 옛날의 산사山寺는 불길에 속수무책이었을 것이다. 주변 산에서 일어난 불이 절까지 번져 태운 경우도 있었다. 오늘날에도 산불은 산사에 큰 위협이 되곤 하니, 2005년 산불로 강원도 양양 낙산사의 상당 부분이 불길에 사라진 게 그다지 오래된 일도 아니다.

처음 지었을 때부터 오랜 시간에 걸쳐 차근차근 늘려왔는데, 이렇게 불이 나 한꺼번에 사라져버리면 다시 일으키기가 참 어려워진다. 규모가 크거나 역사가 오랜 절일 경우엔 스님이나 신도들이 많아서 서로 힘을 모으고, 또 여기에 중앙이나 지방 관청의 지원도 받아 복구할 여력을 마련했음이 기록에 많이 남아 있다. 하지만 깊은 산중에 자리한 작은 절과 암자들은 한번 불타버리면 다시금 절을 짓는 중창은 엄두도 내지 못했을 것이다. 어쩔 수 없이 대중들이 다른 곳으로 떠나버리면서 절이 비고 폐허가 되어 차츰 사람들의 기억 속에서 잊히게 되었다.

전란으로 사라지는 경우도 폐사의 큰 원인 중 하나였다. 특히 조선시대에 임진왜란·정유재란·병자호란 등 국가 존망이 달렸던 큰 전쟁 탓에 사찰은 막심한 피해를 입었다. 절에는 건물이 많아 군사가 주둔하기 좋은데다가 대개 주변이 잘 조망되는 높고 좋은 자리에 있다 보니 병참지로도 쓰임새가 많았다. 또 절의 숱한 문화재는 외적의 약탈 대상이 되어 결국 폐사로 이어지는 경우도 많았다.

임진왜란 때가 특히 심해서, 왜군의 침략 경로에는 으레 주요 사찰이 포함되었고 그들이 약탈하고 불 지른 절이 이루 헤아릴 수 없을 만큼 많았다. 우리나라 거의 대부분 절들이 이때 크고 작은 피해를 봤다고 보아도 무방하다. 이런 전란 말고도, 통일신라·고려·조선 말기 등 혼란한 시대에 일어난 반란이나 민란 때 사찰이 진지로 쓰이면서 훼손되는 경우도 있었다. 1193년 '김사미의 난'이 일어났을 때 반란군이 청도 운문사에 들어가 관군과 전투를 벌였던 게 그 한 예이다. 절의 건물들이 전투에 휩쓸려 적잖은 피해를 입을 수밖에 없었다.

현대에 와서도 1950년에 일어난 6·25전쟁으로 온 나라에 화염과 포연이 가득하게 되면서 숱한 절들이 연기 속에 사라져 버렸다. 전각뿐만 아니라 그 안에 있던 귀중한 문화재들이 이때 무수히 사라졌다. 예를 들면 지금 동국대박물관에 소장된 남원 실상사 범종은 전쟁의 와중에 불길로 녹았다가 그 일부가 나중에 발견된 것이다. 속초 신흥사에 전해오던 오래된 경판經板들도 신흥사에 주둔한 군대에 의해 불쏘시개로 사라질 뻔 했다가 뒤늦게 불길 속에서 극적으로 건져졌다.

조선시대에서는 새로운 국가 이념으로 유교가 숭상되고 불교는 반대로 억압을 당했다. 바로 '숭유억불'이다. 그로 인해 삼국시대부터 고려시대까지 번성하던 전국의 사찰들 대부분 극도로 위축될 수밖에 없었다. 이 와중에 유생이나 관청들이 갖가지 이유로써 사찰들을 핍박하고 약탈하는 통에 큰 피해를 입고 결국은 사라져버린 사찰들도 많았다.

속초 신흥사 경판(조선시대)

양양 선림원지 전경

지금도 오래된 절터에 가보면 나중에 쓴 무덤이 버젓이 놓여 있음을 본다. 절에서는 스님이 입적하면 다비茶毘를 한다. 사리가 나오면 별도의 장소에 부도浮圖를 세우니 무덤이 절 마당에 있을 까닭이 없다. 이것은 지방의 유력자나 관리 등이 절터가 명당이라고 생각해 강제로 빼앗고 조상 묘를 옮겨 놓았던 흔적인 것이다. 충청남도 예산의 가야사耶伽寺가 그 한 예이다.

태풍이나 홍수 등 자연재해가 폐사의 직접 원인인 경우도 많았다. 강원도 양양 선림원은 9세기까지 번성하던 절이었으나, 폭우로 법당 바로 뒤의 산자락 일부가 무너지는 산사태로 폐사되었음이 확인되었다.

경주 황룡사지 목탑터

1980년대 후반 이곳을 발굴할 때 금당 건물터를 덮은 흙더미를 걷어내자 네 모서리에 달렸던 귀면와鬼面瓦 네 개가 고스란히 나왔다. 순간 유물을 발견한 기쁨보다도 산사태가 갑자기 절을 덮쳤을 때의 긴박한 순간을 상상하자니 오히려 소름이 돋았다. 사찰의 역사가 기록된 사지寺誌에는 큰바람이나 물난리로 크고 작은 피해를 입었고, 심지어 그로 인해 절을 버리고 사람들이 떠나야만 했던 예가 많이 보이곤 한다.

'건너다보니 절터'라는 속담이 있다. 좋은 터 잡으려고 가보면 반드시 그 자리에 이미 절이 들어서 있다는 말로서, '좋지만 가질 수 없는 아쉬움'이 속뜻으로 담긴 말이다. 그만큼 절 땅은 누구나 명당이라 부를 만큼 좋은 땅에 자리하고 있다는 뜻이다. 그러고 보면 비록 지금은 옛 자취가 다 사라진 절터라도 옛날에는 모두 좋은 터였다는 말이 된다.

그렇건만 한때의 번성은 지금 절터에서 찾아볼 길 없다. 그래서 사람들은 절터에서 한결같게 스산함을 먼저 느끼곤 한다. 바람이 불거나

고려시대 강원도 지역의 대표 사찰이었던 원주 거돈사지

비라도 내리는 날 절터를 찾을라치면 이런 마음은 더욱 짙어진다. 인생의 영고성쇠를 절터에서 확인한다 말한들 하나 이상할 게 없다. 신라 황금기의 서막을 알렸던 경주 황룡사, 백제 무왕의 웅지가 담긴 익산 미륵사도 지금은 모두 절터로만 남아 있지 않은가.

절터를 이리저리 서성거리다 보면 여러 법구法句들이 저절로 떠오른다는 사람들이 많다. 웃자란 잡풀, 무성한 나무 그늘 아래 흙더미 속에 묻힌 오래된 주춧돌, 그 사이로 뒹구는 깨진 기왓장들에서 인생의 영고성쇠가 겹쳐 보인다면 '제행무상諸行無常'을 본 것이다. 텅 빈 절터에서 소멸뿐만 아니라 그에 이은 새로운 인연의 시작도 느꼈다면 '인연소기因緣所起'를 깨친 게 아닐까. 모든 법은 인연에서 비롯된다는 〈연기법송〉의 '제법인연생諸法因緣生' 한 구절을 생각했다면 애써 여기까지 찾아 온 큰 보람을 드디어 찾은 셈이다.

절터에서 '세상에 변하지 않는 것은 없다諸行無常'는 불교의 진리를 느끼면 예민한 감수성의 소유자이다. '법공法空', 곧 '모든 것은 인연이 모여 생기는 가짜 존재로서 실체가 없는 것'이라는 불교의 심오한 이치까지 떠올린다면 제법 공부 제대로 했다고 칭찬해줄 만하다. 이렇게 절터는 사람이면 누구나 겪기 마련인 영고쇠락의 법칙을 그대로 보여주는 '역사의 현장'이라고나 할까. 그런데 반대로 절터의 비어있음을 '새로운 시작'으로 보는 건 어떨까? 무상만 볼 게 아니라 새로운 인연의 시작으로 볼 수도 있지 않느냐는 것이다. 절터를 집으로 비유한다면, 이사 가기 전 가구를 다 빼버려 스산한 빈집이기도 하지만, 한편으론 새로 이사 오기 직전의 빈집으로 볼 수도 있을 것 같다. 그 집에 사람들의 희망과 기대가 담겨 있어 다가올 행복을 예감해 볼 수도 있지 않을까. 절터에 가서 무상無常만 느낄 게 아니고, 눈에 보이지 않는 역사와 문화를 생각하는 자리가 될 수도 있다. 그런 면에선 어쩌면 전각 가득히 들어선 성장盛裝한 큰절을 찾았을 때와는 다른 의미를 확인할 지도 모른다. 결국 '모든 건 대상이 아니라 그를 인식하는 마음의 문제'임을 빈 절터에서 다시금 깨닫게 된다.

절터는 문화재의 보고이자 야외 박물관이니 우리의 역사와 문화를 공부하기 적당한 곳이다. 전각은 사라졌지만 그 안에 있던 불상은 물론이고, 탑이나 부도, 그리고 석등 등 유물들이 온전히 전하는 절터도 적잖다. 꼭 문화재가 아니더라도, 절터에 남아 있는 주초석이며 기와 등에서 그 옛날의 모습을 떠올려보는 일만으로도 좋은 추억이 될 수 있다. 여기에 한 가지 더, 절터 순례를 마치고 돌아서는 길에 남들은 잘 오지 않는 곳에 와봤다는 뿌듯함을 느끼는 것은 덤이다.

사찰순례는 모든 불자들의 소망이지만, 아무 것도 없다고 생각해서인지 절터에 자주 간다는 이들은 의외로 많지 않다. 부처님의 법은 보이는 것만이 아니라 사람들의 마음과 정신 속으로도 전하는 것이니, 절터의 뒹구는 기와 조각 하나에도 불법의 숨결이 남아 있음은 당연하다. 그런 의미에서 사찰순례와 더불어 절터순례에도 관심을 가져볼 필요가 있다. 시간이 허용된다면 언제든 절터순례의 발길을 한번 떠나보기를 권한다.

사찰을 바라보는 마음 –탐방은 편한 마음으로

절은 항상 우리를 향해 열려 있다. 불교란 본래 차별을 두지 않으니 당연히 스님들도 절을 찾는 사람을 가리지 않는다. 혹시 까다로운 예절을 원하고 분위기도 너무 엄숙한 곳이 아닐까 생각하는 사람도 있겠지만, 최소한의 예절만 지킨다면 생각보다는 편한 공간이 절이다. 절에 처음 가보거나 그 공간이 아직 생소한 사람이라도 마실 나가듯이, 혹은 이웃집에 놀러가듯이 그런 편한 마음으로 놀러갈 일이다. 절 문은 우리를 반갑게 맞이하기 위해 늘 열려 있으므로. 가벼운 발걸음으로 들어선 산문이라야 나올 때 마음 한가득 보람을 간직하고 나올 수 있다.

눈에 보이는 것뿐만 아니라 무형의 문화가 살아 숨 쉬는 곳이 또한 절이다. 아침과 저녁으로 올리는 예불은 참여자 모두가 혼연일체가 되어 완성하는 장엄한 의식이다. 예불이 시작되기 전, 서산에 지는 햇살을 뒤로 받으며 종각에 한데 모아진 범종·목어·운판·법고 등 사물四物을 치고 두드리면서 악보 없이 만들어내는 타악기의 울림을 듣노라면 누구라도 신심이 절로 우러나온다. 그 뿐인가. 우리나라 사찰 고유의 범패는 음악과 무용과 운율이 하나로 결합되어 지고지순한 아름다움을 만들어내는 우리만의 자랑스러운 종합예술이다.

2장

불교미술 이해에 필요한 지식 몇 가지

영광 불갑산에서 내려다본 불갑사 전경

불교의 발전과 전래

불교전래 초기의 불교와 사찰

불교는 4~5세기에 고구려, 백제, 신라의 순서로 전래되었다. 인도에서 기원전 5~6세기 처음 교단을 형성하고 발전한 이래 대략 천년 만에 우리나라에 들어온 것이다. 《삼국사기》·《삼국유사》 등에는 1세기 무렵 우리보다 먼저 불교를 받아들인 중국을 통해 왔다고 한다. 정확한 연도는 고구려 372년, 백제 384년, 그리고 신라 527년이다.

고구려와 백제, 두 나라는 불교 전래 초기부터 왕실·민간·귀족 등 모든 계층에서 불교에 호의적이어서 별다른 무리 없이 사회에 정착되었다. 고구려 최초의 사찰은 이불란사伊弗蘭寺와 초문사肖門寺(혹은 성문사省門寺)인데, 그 터가 어디 인지는 아직 확인되지 않았다. 백제는 전라남도 영광군의 불갑사佛甲寺가 불교 최초 전래 당시의 유적으로 알려져 있다.

그런데 가장 늦게 불교를 받아들인 신라는 처음에는 귀족 및 관료 계층에서 도입을 극력 저지해 불교의 대중화에 상당한 어려움이 있었다. 5세기에 이미 고구려에서 내려온 아도화상이 은밀하게 포교를 펼치기도 했지만, 끝내는 실패하고 말았다. 그러나 왕권 강화가 절실했던 법흥왕이 아주 적극적이었고, 여기에 이차돈異次頓의 극적인 순교殉教를 계기

구미 도리사 아도화상의 좌선대

구미 도리사 내경

로 527년 드디어 불교가 공인되었다. 이후 삼국 중 가장 빠른 걸음으로 불교가 발전되어 국력 집결의 구심점이 됨으로써 신라가 삼국을 통일하는 데 큰 밑거름이 되었다. 경북 구미 도리사桃李寺는 국가의 공인을 받기 이전 비밀스런 포교가 이뤄졌던 자리이고, 경주 흥륜사는 공인 이후 가장 처음 창건된 사찰이다.

불교 전래 초기의 유적과 유물

삼국은 6~7세기에 접어들면서 국가 또는 왕실의 두터운 신앙 속에 불교가 더욱 발달되었고, 대찰大刹들이 주로 왕경王京, 곧 왕궁이 자리한 성 안에 지어졌다. 사찰에서 가장 중요한 전각은 탑과 금당金堂이다. 탑은 석가모니가 남긴 유골로서 불교신앙의 정수로 여겨진 불사리佛舍利를 봉안하였기에 경배의 대상이 되었고, 금당은 부처님을 형상화한 불상을 봉안한 건물이다. '금당'이라는 이름은 부처님이 설한 진리의 빛이 온 누리에 퍼져나간다는 의미다.

경주 황룡사 복원모형

고구려의 불교 유적은 그다지 많이 알려져 있지 않은데, 5, 6세기에 지은 평양 청암사지 목탑지가 가장 이른 편에 속한다. 백제 역시 5, 6세기 무렵으로 추정되는 사찰 유적들이 경기도 하남 지역을 중심으로 남아 있다.

고구려 연가7년명 금동여래입상(국보 제119호)

신라는 6세기 이후 진표율사, 자장법사, 원효대사, 의상대사 등 우리 불교사에 빛나는 고승들이 잇달아 나타나며 불교계를 이끌어나갔다. 황룡사·분황사·부석사 등 대찰들을 비롯해 당시의 유적과 유물들이 적잖게 전한다.

탑과 금당 외에 삼국시대 사찰에는 남북 방향을 축으로 하여 문(중문 및 남문)·탑·금당·강당·승방 등이 직선상에 배치되고, 그 주변을 회랑이 감싸며, 그 바깥에 식당 등 부속 건물을 배치하는 방식이 보통이었다.

중문과 남문, 그리고 회랑은 도시 사찰로서 번잡한 주변과 어느 정도 간격을 두어야 할 때 필요한 장치였다. 절을 찾은 사람들이 문과 회랑을 지나면서 맑은 마음가짐을 갖도록 하는 과정이었을 것이다.

강당은 불교 경전을 강의하고 공부하기 위한 장소로, 불교가 비약적으로 발전하는 과정에서 번성했던 교학敎學 발달에 매우 중요한 역할을 한 공간이었다. 7세기 초반 비슷한 시기에 창건된 익산 미륵사지나 경주 황룡사지에는 강당이 가람의 중요한 부분을 차지하고 있었음이 발굴

원효대사 진영(일본 고산사 소장)

의상대사 진영(일본 고산사 소장)

을 통해 확인되었다. 7세기 중반 이후에는 이전에는 경내 외곽에다 두었던 스님들이 거주하고 수행하기 위한 건물인 승방 및 공양간(식당) 등의 부속건물 등도 경내로 배치되면서 가람의 규모가 더욱 커지게 되었다.

불교 전래와 동시에 중국의 불상이나 불화 같은 불교미술이 그대로 직수입되었겠지만, 얼마 안 있어 우리의 감수성이 담긴 작품들이 장인들의 손을 통해 선보였을 것이다. 불교를 이해하기 시작한 초기에 이를 어떻게 미술로 표현했을까가 아주 궁금하지만, 그러나 아쉽게도 오늘날 당시의 작품들은 그다지 많이 남아 있지 않다.

삼국시대의 불교 전래 초기 유물 중 가장 오래된 것은 고구려의 〈뚝섬 출토 금동불좌상〉, 〈연가 7년명 금동여래입상〉 등이다. 〈뚝섬 출토 금동불좌상〉은 4세기 후반에서 5세기 초반에 제작된 우리나라에서 가장 오래된 불상 중 하나이다. 같은 시기의 중국 불상과 매우 비슷한 모습을 하고 있어서 불교미술이 초기에는 중국의 불상에 큰 영향을 받았었던 정황을 알 수 있다.

〈연가 7년명 금동여래입상〉은 광배光背 뒤에 '연가칠년延嘉七年'이라는 연호가 새겨져 있다. '연가'가 오래 전에 사라진 연호라서 지금 정확한 연도로 환산할 수 없으나, 불상의 양식으로 보아 대체로 5세기 고구려 불상으로 가늠된다.

신라에서는 불교 전래 초기 유물은 전하지 않지만, 도리사 마당에 있는 승탑僧塔은 승탑, 곧 부도로서는 매우 독특한 모습이라 5~6세기 중국 부도의 영향을 받은 게 아닐까 추정되기도 한다.

불교발전기 사찰의 공간 구성

불교 전래 초기부터 사찰 공간은 금당과 그 앞의 탑을 중심으로 형성되기 마련이었고, 이러한 배치 원칙은 조선시대에까지 이어졌다. 따라서 가람의 배치를 이해하기 위해서는 금당과 탑의 위치 관계를 파악하는 것이 필요하다. 그러기 위해서는 사찰이라는 공간을 불교가 들어와 적응하는 시기인 4~7세기, 교리가 난숙하게 꽃 피웠던 8세기 이후, 그리고 우리의 시선으로 불교적 공간을 재창조한 통일신라 후기 등 시대에 따라 몇 가지 형식으로 분류해 보면 알기 쉽다.

4~5세기에는 금당과 남북축선상으로 정중앙 마당에 1기基의 탑이 배치되다가, 7세기 이후 동서로 나란히 위치한 소위 '쌍탑식雙塔式' 배치가 일반적이었다. 경주 감은사感恩寺 동서 삼층석탑을 비롯해서 사천왕사 쌍탑, 망덕사 쌍탑도 있다. 불국사 다보탑과 석가탑, 화엄사 쌍탑,

경주 감은사 동서 삼층석탑(국보 제112호)

경주 남산동 쌍탑, 전 염불사지 쌍탑 등이 뒤를 이었다.

2019년 경주 황복사지를 발굴 조사할 때, 7세기 후반의 삼층석탑 부근에서 쌍탑 목탑지가 새로 발견되었다. 그런데 우리나라 탑의 역사에서 목탑은 7세기 이전까지 주류 형식이었으므로 이 쌍탑 목탑지 역시 7세기 이전에 지었을 것이다. 따라서 쌍탑 배치는 우리가 지금 알고 있는 것보다 좀 더 일찍부터 나타났을 수도 있다.

탑과 금당이 어느 자리에 있는지 알면 절의 역사가 보인다. 이 둘은 절의 중심지역을 서로 시대를 앞서거니 뒤서거니 하며 번갈아 차지했다. 대체로 6세기 이전에는 탑이 중심이었다가, 7세기에 와서는 금당이 그 자리를 이어받아 가람의 한가운데에 배치되었다는 것이 정설이다. 물론 예외적 현상도 있다. 7세기 후반의 경주 고선사高仙寺에서는 가람 중심에 금당이 위치하고, 탑은 금당을 감싼 회랑 바깥에 배치되었다. 하지만 이런 경우는 매우 드물다. 삼국시대 말에서 통일신라 초기 사이에

경주 불국사 전경(서헌강 사진)

영주 부석사 전경

있었던 탑과 금당의 위치 변화는 결국 무엇을 가람 중심지에 배치하는가에 대한 당시 사람들의 고민에서 나온 것이었다.

삼국에서는 경주·평양·부여 등 각국의 수도를 중심으로 주로 도심에 큰 사찰들이 건립되었는데, 이러한 추세가 통일신라에 들어와 확연히 바뀌기 시작했다. 점차 도심에서 멀리 떨어진 지방의 산속, 특히 지방의 명산에도 속속 대찰들이 들어선 것이다.

경상북도 영주 태백산 부석사, 전라남도 구례 지리산 화엄사, 충청남도 예산 덕숭산 수덕사, 경상남도 합천 가야산 해인사, 경주 토함산 불국사와 석불사(석굴암) 등이 번잡한 서울을 떠나 깊은 산속으로 들어간 산사山寺 등이다. 신라가 삼국을 통일한 이후에는 왕실의 지원을 업고 이렇게 경주에서 멀리 떨어진 산속에 절을 짓는 사례가 더욱 많아졌다. 이런 변화는 신라 불교의 영토관嶺土觀의 확대, 민족 전래의 오악五嶽을 중심으로 한 산악숭배 사상과 연관되어 있다. 이들 산사들은 대부분 산 중턱에 위치하며, 비탈면을 이용해 축대를 쌓고 그 위에 전각들을 배치함으로써 공간적으로 점차 위로 올라가는 상승上昇의 효과를 내고 있다. 이를 화엄종 등 교종教宗의 영향을 받아 불국토에 이르는 단계를 공간적으로 구현했다고 보는 견해도 있다.

삼국시대와 달리 통일신라시대 사찰의 특징은 금당을 중심으로 가람이 형성된다는 점이다. 같은 시기 중국은 여전히 탑이 가람의 주된 공간이었다는 점과 확연하게 구분된다. 이런 차이가 나온 까닭은 중국은 사리신앙이 비교적 오랫동안 강하게 존재했던 데 비해서, 우리나라는 통일신라 이후 부처님의 실존적 이미지를 좀 더 중요시했기 때문이 아닌가 한다. 중국이나 일본 등 다른 나라들의 불상과 견주어 통일신라의 불상이 대단한 성취를 이룬 배경에는 이런 이유가 숨어 있었을 것 같다.

통일 후 한동안 정치가 안정되고 경제력도 충실해져 문화의 꽃을 피웠다. 하지만 그 뒤 서너 세대를 내려오면서 그간 쌓였던 정치 사회적 문제점들이 하나둘씩 표면 위로 드러나 왕권이 약화되고 중앙에 반기를 든 지방 호족세력들이 나타났다. 전래 초기부터 수 백 년 동안 사회 발전의 원동력이었던 불교 역시 이러한 변화에 영향을 받았다.

8세기 후반 중국 당나라에서 불교를 억압하자 중국에서 공부하던 상당수의 신라 유학승들이 귀국하게 되었다. 그 결과 고도로 이론화된 중국의 선종禪宗이 신라 사회에 소개되어 대세로 자리 잡게 되었다. 모든 사람마다 불성佛性이 있어서 수행을 통해 깨달음을 얻음으로써 부처가 될 수 있다는 선종의 평등사상은 '왕이 곧 부처'라는 관념을 지녔던 신라 전성기의 왕실에는 그다지 환영할 만한 이론이 못 되었을 것이다. 그렇지만 9세기 혼돈의 시대에 접어들면서 갖은 환란에 시달려야 했던 당시 사람들에게는 새롭게 접하는 사상으로 큰 호응을 받았다. 그래서 신라 말에서 고려 초에 걸쳐 구산선문九山禪門이라는 각 문중을 중심으로 한 많은 선종 사찰들이 전국 각지의 명산에 세워지게 되었다.

선종은 '불립문자不立文字'를 수행의 핵심으로 내세웠다. 깨달음은 글자 공부로만 이뤄지는 게 아니라 참선을 통해서 더 가까워질 수 있다고 믿었다. 교종에서 중요시 여겼던 경전 위주의 강학과는 거리가 있는 수행 방식이었다. 선종 계열 사찰들의 탈도시화는 수행에 적합한 환경을 스스로 선택한 측면이 강하지만, 구태에 질렸던 사람들은 이를 기존 질서와 위계에 구애받지 않는 신선한 자신감으로 느끼면서 불교의 발달에 힘을 보탰다. 선종 사찰이 선禪 수행을 표방하면서 도시에서 벗어나 산속으로 들어간 점은 삼국시대 사찰들이 왕실 발원으로 세워지고 주로 평지에 위치한 것과는 분명 달라진 면모였다.

불교의 이론과 철학이 꽃을 피웠던 고려시대

고려시대에 불교는 더욱 대중 속으로 깊숙이 파고들어가 위로는 왕실과 귀족으로부터, 아래로는 일반 백성에 이르기까지 모든 이가 믿는 명실상부한 국교國敎로 자리잡았다.

승려들은 사람들에게 깊은 존경을 받았고 사찰도 세금이나 부역 등에서 여러 가지 혜택을 받았다. 불교의 이치와 교리를 학문으로써 연구하는 이들도 많이 등장해 갖가지 이론들이 활발하게 논의되고 토의되었다. 당시 불교학자들은 대각국사 의천義天(1055~1101)을 비롯해 승려가 대다수였지만, 문인文人과 유학자 중에도 불교를 깊이 이해하여 상당한 경지에 이른 사람도 많았다.

불교문화는 대개 연등회燃燈會와 팔관회八關會 같이 정기적으로 열렸던 불교 행사와 관련되어 발전되었다. 팔관회는 "천령天靈 및 오악五岳·명산名山·대천大川·용신龍神을 섬기는 대회"(고려 태조의 〈훈요십조〉)였다. 삼국시대부터 행해지다가 조선시대에 와서 끊겼지만, 현대의 '사월

초파일 부처님 오신 날'에 열리는 연등행사는 삼국시대부터 고려시대에 걸쳐 성행했던 연등회와 정신적으로 맥이 닿아 있다고 볼 수 있다.

이런 갖가지 행사들은 종교를 떠나서도 사람들에게 볼거리를 주며 대단히 흥행했을 것 같다. 행사는 주로 절을 중심으로 이뤄졌으므로 고려 사람들을 이래저래 더욱 절에 갈 일이 많았을 것이다. 수도인 개경開京(개성)을 비롯해 서경西京(평양)과 동경東京(경주) 그리고 각 지방의 대도시마다 사찰을 중심으로 이런 행사를 포함해 다양한 불사佛事가 베풀어졌다고 기록에 나온다.

고려시대 사찰의 가람배치는 기본적으로 신라 사찰의 그것과 크게 다르지 않았지만, 다양하고 빈번하게 이뤄지던 행사와 불사와 관련되어 약간의 변화도 생겼다. 우선 많은 사람들을 수용할 수 있도록 마당이 좀 더 넓어지고 건물 간 배치도 더 널찍해진 게 그 중 하나이다. 당연히 경내境內 면적 자체가 전보다 늘어났다. 평지 사찰은 물론이고, 산사의 경우에도 산의 비탈면에 높은 축대를 쌓아 넉넉히 공간을 확보한 다음 건물들을 지었다. 목조 건축 면에서 보면 금당 및 법당 등의 주요 전각은 지붕이나 기둥 위의 포包 같은 부분에서 신라보다 화려해졌다. 그것을 뒷받침해줄 건축 기술이 그만큼 발전되었음은 물론이다.

대웅보전·대적광전·극락보전 등 전각 이름에 '보寶'자가 추가된 것도 고려시대부터로 보인다. 이러한 전각의 명칭과 그 안에 봉안하는 불상과 보살상의 이름에 대해서는 3장과 4장에서 자세히 다루었다.

숭유억불, 고난의 시대를 견뎌낸 조선시대 사찰

유교를 건국이념으로 하여 건국된 조선은 유학儒學을 장려하고 불교를 억제하는 이른바 '숭유억불' 정책을 내세웠다. 1406년에 태종은 고려

양주 회암사터 전경

시대에 형성된 11종宗을 7종으로 축소시켰고, 그 뒤를 이은 세종은 1424년 다시 11종을 선종과 교종 등 양종으로 통폐합하고 교단의 업무를 보는 관청인 승록사僧錄司마저도 없애 버렸다. 이에 따라 삼국시대 이래 고려시대에 이르기까지 누렸던 번성은 더 이상 기대할 수 없었다.

그러나 천여 년 이상 국교國教로 신앙되던 불교가 왕조가 교체되고 국시國是가 바뀌었다고 해서 하루아침에 수그러들지 않았다. 비록 많은 사찰들이 폐사되고 승려들의 신분이 하층민으로 떨어지기는 했으나, 민간에서의 불교 신앙 자체에는 큰 변화가 없었다는 게 근래의 시각이다.

세종 대에 대제학을 지냈던 변계량卞季良(1369~1430)은 당시에 자타가 공인하는 불교 신도로, 불교와 사찰에 관련한 많은 글을 남겼다. 자신이 불교 신도임이 알려지는 것을 꺼렸다면 숱한 불교 관련 글을 남겼을 리 없으니, 적어도 15세기 초까지는 불교가 눈에 띄게 핍박받지 않은 것 같다. 그런 의미에서 '숭유억불'이라는 용어도 '유교를 숭상하고 불교를 정돈한다'는 뜻인 '숭유돈불崇儒頓佛'로 바꿔야 옳다는 주장도 있다.

사실 건국 초기에 앞선 시대에 못잖게 발전을 이어간 사찰들도 있었다. 예를 들어 태조 이성계가 왕위에서 물러나 있을 때 머물던 경기도 양주 회암사檜巖寺에는 숱한 전각과 회랑 그리고 문과 같은 여러 종류의 건물들이 촘촘한 간격을 두고 가득 세워져 있는 등 고려의 유수한 대찰들보다도 규모가 컸음이 발굴로 증명되고 있다.

그 밖에도 한양도성 안에 세워진 흥천사興天寺와 원각사圓覺寺 등도 대규모로 새로 창건되었고, 양주 봉선사奉先寺 및 평창 월정사의 상원사上院寺처럼 전대부터 내려오는 유서 깊은 대찰들도 계속 그 위용을 이어갔다. 물론 이처럼 억불정책에서 비껴나 있던 사찰들은 모두 왕실의 전폭적 지원이 있었음을 빠뜨릴 수는 없다. 어떻게 보면 전체적 국면과는 다른 예외적 현상이었다고도 할 수 있다. 중요한 것은 숭유의 이면裡面에 왕실 인사나 고위 관료 등 정책을 펴나가던 사람들이 여전히 독실한 불교 신도였다는 점을 놓쳐서는 안 된다는 것이다.

그래서 비록 태종과 세종이 불교 종단을 큰 폭으로 줄이는 정책을 시행했어도 불교계가 뿌리까지 흔들릴 만큼은 아니었다. 불교계 입장에서 볼 때 물론 전보다는 많이 위축되었으나 그래도 세상이 뒤바뀐 데 비해서는 그런대로 참을 만해서, 앞으로도 큰 어려움 없이 순조롭게 흘러가리라고 기대했을지도 모른다.

그러나 16세기 중후반이 되면서 전에는 경험하지 못했던 극심한 탄압과 억압을 받게 된다. 그 결정적 계기는 얄궂게도 중종의 비이자 명종明宗(재위 1545~1567)의 어머니 문정왕후文定王后(1501~1565)의 불교 장려에서부터 시작되었다. 중종이 승하하고 인종이 뒤를 이었는데 불과 8개월 만에 세상을 떴다. 인종의 이복동생, 곧 명종이 임금 자리를 이었지만 나이 불과 열두 살이었다. 이에 임금의 생모 문정왕후가 어린 왕의 정사를 돕는 수렴청정을 하게 되었다.

그런데 문정왕후는 본디 독실한 불교 신도여서 침체된 불교계에 활력을 불어넣을 대책을 궁리하였고, 그 자문과 보좌를 명망 높던 스님 보우普雨(1509~1565)에게 맡겼다. 보우는 1551년 승려도첩제, 이듬해에는 중단되었던 승려의 과거시험인 승과고시마저 부활시켰다. 이로써 불교 부흥의 분위기가 한껏 고조되었다. 보우는 이후 10여 년 동안 봉은사와 회암사에 머물면서 불교 부흥에 매진하였다. 하지만 정치계와 전국의 유생들이 계속해서 이를 매우 불편하게 여기고 있었던 게 문제였다.

건국 후 100여 년이 지나는 동안 배불排佛의 분위기에 깊숙이 빠져있던 당시 문인 관료들은 문정왕후와 보우의 정책에 대해 큰 모욕감을 느꼈다. 그들은 처음엔 대비大妃 문정왕후에 대놓고 맞서지는 않았지만, 줄기차게 상소를 올리는 등 보우를 비방하였다. 그러다가 가장 든든한 후원자이자 방패막이였던 문정왕후가 급거 사망하면서 보우는 더 이상 버틸 수 없었다. 문정왕후 사후 얼마 안 되어 제주도로 귀양보내졌고 가자마자 제주 목사牧使에 의해 곤장을 맞고 입적하였다.

조선 초기 불교흥성의 상징이 되었던 회암사 역시 1566~1595년 사이 화재로 모두 사라져버렸다. 이로써 불교계 전체는 대폭 위축되어버렸다. 설상가상 약 50년 뒤 1592년부터 7년 동안 벌어진 임진왜란 및 정유재란을 겪으며 대부분 사찰이 사라지는 등 미증유의 어려움을 겪었다. 불교계는 극도의 침체기를 맞은 것이다.

임진왜란과 정유재란의 소용돌이 속에 조선은 그야말로 풍전등화의 위기 속에 빠졌다. 일본군이 부산포에 상륙한 지 1주일 만에 선조 임금이 경복궁을 빠져나와 의주까지 피난길에 나서야 될 정도로 속수무책으로 전선이 무너졌다. 하지만 개선 초반만 해도 지리멸렬하게 밀리던 조선의 관군이 점차 전열을 정비해 힘을 내어 적군과 맞서기 시작했고, 명나라 군사의 지원까지 더해지면서 전황은 새로운 국면을 맞았다. 여기에 전국에서 의병義兵들도 봉기했다.

임진왜란 이후 대규모로 중창했던 구례 화엄사

불교계에서는 의승군義僧軍이 조직되었다. 산사에서 수행하던 스님들이 나라와 민족을 위해 과감히 창칼을 들고 나섰다는 소식은 관군의 사기를 높이고 백성들에게도 큰 용기를 주었을 것이다. 의승군의 지휘는 서산대사 청허휴정淸虛休政(1520~1604)과 사명대사 유정惟政(1544~1610) 등이 맡았다. 훈련도 없이 급조된 군대였지만 단단한 조직력을 보이며 관군 및 의병과 합세해서 치른 몇몇 전투에서 전과를 올리는 데 일조했다. 결국 전쟁은 7년 만에 끝났고 일본군은 퇴각했다.

전란 이후 전국 각지의 사찰들은 심기일전해 갖은 노력을 기울여 사세를 복구해 나갔다. 그러나 임진왜란을 겪으면서 숱한 천년고찰들이 사라져버리고 그에 따라 우리 불교문화의 커다란 공백이 생긴 것은 우리 역사에서 크나큰 손실이었다.

전쟁 기간 대다수 사찰들이 큰 피해를 입기는 했지만, 전쟁 때 보여준 승려들의 헌신적 활약은 사람들로 하여금 불교에 대한 인식을 새롭게 하는 계기가 되었다. 이로써 17세기 중반부터는 전국의 명찰들에서 본격적 중건 불사가 이어질 수 있었으니, 전에는 불교를 원수 보듯 대했던 사대부들도 호의적으로 바뀌어 불사에 동참하기까지 하였다. 이 무렵 중창된 사찰들을 하나하나 열거할 수 없지만, 그 중 주요 사찰로 구례 화엄사를 비롯해 보은 법주사, 양산 통도사, 해남 대흥사, 공주 마곡사, 여수 흥국사 등을 들 수 있다.

3장

전각의 종류와 불·보살상의 배치

순천 송광사 전경

불교적 세계관의 표현, 법당

절에 있는 전각을 기능 면으로 나누어 보면 불상이 봉안된 법당, 스님들의 생활공간인 요사, 그리고 절 마당을 두르고 있는 누각과 문 등이 있다.

법당은 불보살상이 있는 전각인데, 그 절의 주요 법당을 특히 금당金堂이라고 한다. 대웅전이나 극락전, 비로전 등이 다 금당이 될 수 있다. 절의 규모에 따라 달라지겠지만, 금당 외에 영산전, 미륵전, 원통전, 약사전, 팔상전, 나한전, 지장전, 명부전 등등 여러 종류의 법당이 자리하기도 한다. 또 법당만큼이나 다양한 불상과 보살상들이 그 안에 봉안되어 있다.

앞으로 각각의 법당과 여기에 봉안된 불상, 보살상들의 이름과 의미를 다시 설명하겠지만, 불교에서 말하는 세계관을 먼저 이해해 둘 필요

서울 개운사 대웅전 삼존불상

가 있다. 불교에서는 이 세상에 이루 헤아릴 수 없을 정도로 많은 부처님이 존재해 과거와, 미래, 그리고 지금의 이 세계와 극락정토 등 다양한 시공간 속에서 중생을 제도한다는 우주관이 있다.

그래서 가장 널리 알려진 석가·아미타부처님 외에 비로자나·노사나·약사·연등불 등 수많은 명호名號(이름)가 있다. 부처님은 정각을 얻어 중생을 구제한다는 면에서 본질적으로 같지만 중생제도에 있어서는 특성에 맞게 각각의 역할이 세분되어 있는 것이다. 따라서 다양한 명칭의 법당마다 서로 다른 부처님을 모시고 있다. 이런 내용을 알고서 사찰을 탐방하면 불교문화재 이해에 많은 도움이 된다.

대웅전에는 석가불상, 극락전에는 아미타불상, 비로전에는 비로자나불상, 약사전에는 약사불상이 주불主佛로 봉안된다. 하지만 어떤 경우에는 대웅전에 아미타불이, 극락전에 석가불이 있기도 한다. 원칙에 맞지 않지만 우리나라에서는 아미타불상과 석가불상의 외견상 특징이

엄격히 구분되지 않아 혼용된 결과이기도 하다. 한편으로는 석가와 아미타 두 부처에 대한 믿음이 워낙 각별했던 결과라고 볼 수도 있다.

불상은 주불만 봉안될 때 독존상獨尊像이라 하고, 좌우에 불상 또는 보살상이 함께 배치될 때는 삼존상이라 한다. 석가불의 좌우는 문수·보현 보살, 아미타불의 좌우는 관음·세지 혹은 관음·지장 보살이다. 이렇게 불상 좌우에 배치되는 보살상을 협시상脇侍像이라 한다.

조금 복잡한 듯도 하지만, 세부적인 것은 전문가의 연구와 설명을 참고하면 된다. 보통의 참배객이라면 전각들 가운데 가장 크게 비중을 차지하는 대웅전과 극락전의 불상 배치만 알아두어도 충분하다.

불보살상에 따라 달라지는 전각의 이름들

석가모니의 아름다운 설법, 대웅전 또는 대웅보전

석가모니를 봉안한 전각은 다양한데, 그 중에서 대웅전이 가장 널리 알려져 있다. 대웅전은 곧 '대영웅大英雄을 모신 법당'이란 뜻이다. 석가불을 주불主佛로 하여 좌우에 문수 및 보현 보살이 배열되는 삼존불상이 가장 많다. 문수보살은 지혜를, 보현보살은 수행과 행원이 광대함을 상징하는데, 이 지혜와 행원은 곧 석가모니를 정의하는 핵심 가치이기도 하다.

대웅전에는 또 시간적 개념이 적용되어 석가불을 중심으로 연등불燃燈佛과 미륵불의 삼존상이 봉안된다. 곧 과거 연등불, 현재 석가불, 미래 미륵불로, 과거·현재·미래의 삼세에 두루 충만해 있는 불법의 가르침을 상징한다. 이때는 삼존불이 아니라 삼세불三世佛이라고 부른다.

예산 수덕사 대웅전(국보 제49호)

부안 내소사 대웅보전(보물 제291호)

드물기는 하지만 석가불을 중심으로 하여 좌우에 아미타불과 약사불을 두기도 한다. 이렇게 좌우에 보살상이 아닌 불상을 두었을 경우 대웅보전大雄寶殿이라 하여 한층 더 높여 부르게 된다.

대웅전 외에 영산전·팔상전·나한전·응진전 등에도 석가불이 주불로 봉안된다.

영축산의 회동을 기념한 영산전

영산전의 '영산'은 영축산靈鷲山의 준말로 석가모니가 설법했던 영산불국靈山佛國을 뜻한다. 영축산은 석가불이 《법화경》을 대중에게 설법하던 곳이니 불교의 이상적 성지聖地인 셈이며, 영산전은 이를 시각적

영천 은해사 거조암 영산전(국보 제14호)

안성 석남사 영산전(왼쪽)

서울 진관사 나한전 삼존불상(석가불, 미륵보살, 제화갈라보살)

으로 표현한 것이다. 참배자로 하여금 이른바 사바세계娑婆世界의 최고 이상향인 영산회상에 참여한다는 의미를 갖도록 한다. 영산전 삼존불의 명칭은 대부분 잘못 알고 있다. 주불이 석가불인 것은 영산전이나 대웅전이나 마찬가지이지만, 좌우 협시상은 미륵과 제화갈라보살인 것이 원칙이다. 제화갈라보살은 오랜 옛날에 석가불로부터 미래에 성불하여 연등불燃燈佛 혹은 정광불定光佛이 된다는 수기授記, 곧 일종의 인증을 받은 보살이다. 따라서 영산전에 미륵보살과 제화갈라보살이 봉안되는 것은 과거 연등불, 미래 미륵불의 형식을 갖추기 위함이라고 볼 수 있다. 삼존상 주위로는 성문이나 제자들이 배치되어야 하는데, 대체로 나한전과 마찬가지로 16나한이 모셔지는 경우가 많다.

고창 선운사 팔상전 (위) 순천 선암사 팔상전 (아래)

석가모니의 전생을 그린 팔상탱이 봉안된 팔상전

팔상전八相殿은 팔상탱을 봉안하기 위한 전각이다. 팔상탱은 석가모니의 생애 중 가장 의미가 있던 순간을 여덟 장면으로 압축해 그린 그림이다. 대개 석가불을 독존으로 모시고, 불상 뒤나 좌우 벽에 팔상탱 여덟 폭을 걸어 둔다.

순천 선암사 팔상전 팔상도

나한의 정진과 희로애락의 모습, 나한전과 응진전

나한전은 석가모니의 제자 가운데 나한, 곧 아라한과阿羅漢果를 얻은 성자聖者들을 봉안한다. 석가불 양옆으로 16나한을 모신 경우가 가장 많고, 16나한에서 더 나아가 500나한을 봉안한 오백나한전도 있다. 이때 상의 배치는 석가모니를 중심으로 좌우에 아난阿難과 가섭迦葉을, 다시 그 주위에 16나한상을, 양쪽 맨 끝부분에 범천梵天과 제석천帝釋天을 봉안한다.

《법화경》〈오백제자수기품五百弟子授記品〉에 의하면 이들은 아라한의 경지에 도달하여 석가불로부터 장차 성불하리란 예언을 받은 분들이다. 우리나라의 나한신앙은 고려시대에 구국과 외침 극복을 기원하는 나한재羅漢齋를 많이 거행함에 따라 점차 나한신앙이 자리 잡게 되었다고 보는 것이 정설이다.

강화 보문사 오백나한상

고양 흥국사 나한전

또 16나한 사이로 머리에 보관을 쓴 또 다른 보살상 2위가 서로 마주보고 있기도 하는데, 이 상은 호법신중상인 제석천帝釋天과 범천梵天이다. 이 둘은 모두 인도 재래의 신이 불교에 습합된 것이다. 제석천은 전신戰神이었는데 불교에 수용되면서는 수미산 정상의 희견성喜見城에 머무르며 33천을 다스린다고 믿어졌다. 또 범천은 옛 인도의 주신主神이자 천지를 창조한 주재자였는데 석가불에게 귀의한 뒤로 색계色界의 주재자가 되었다. 범천과 제석천은 늘 함께 하면서 인간의 희로애락을 다스린다고 한다. 상으로 나타낼 때는 보살의 모습이지만 탱화로 그려질 때, 제석천은 갑옷과 투구를 갖춘 채 손에 무기를 든 무장武將으로, 범천은 보관을 쓴 사면사수四面四手의 모습을 한다.

신중상(범천, 국립중앙박물관)

영산회상도 중 제석천 모습(국립중앙박물관)

울진 불영사 응진전(보물 제730호)

나한전의 불단은 대웅전과는 달리, 좁은 폭의 불단을 'ㄷ'자 형으로 배치하여 석가 부처님과 나한을 차례로 봉안한다. 건물은 대체로 맞배지붕에 규모도 그리 크지 않은 소박한 형태를 하고 있다. 내부 또한 작은 불단에 닫집도 없이 간략하게 처리해 놓은 것이 많다. 이것은 해탈의 경지에 이른 석가 부처님에 비하여 깨달음의 정도가 낮은 아라한을 주 대상으로 한 것이기 때문이다.

나한상의 특징은 종교미술에서 보이는 엄격성이 비교적 덜하다는 점이다. 불상이나 보살상, 그 밖에 신중상 같은 다른 존상들은 모두 엄격하고 근엄하며 위의威儀가 넘치는 모습을 하는 것이 법식이다. 하지만 나한상만큼은 인간으로서의 캐릭터가 짙다. 그래서 사람들이 일상생활에서 짓게 마련인 웃거나, 울거

금동나한좌상(국립중앙박물관)

16나한도(국립중앙박물관)

나, 혹은 조는 모습까지 보인다. 국립중앙박물관의 금동나한상, 또 강원도 영월 창령사터 나한상들이 바로 그렇다. 그러면서도 호랑이 같은 맹수도 마치 반려동물마냥 품 안에 보듬고 있을 만큼 온화하고 인자한 모습에 사람들은 나한상에 감복하지 않을 수 없다.

이는 중국이나 일본의 그것과 비교해 볼 때 확실히 특징적이라 우리나라 불교미술의 또 다른 유형으로 세계적으로 널리 소개할 만한 가치가 충분하다.

나한전을 달리 응진전應眞殿이라고도 하는데, 진리에 응하여 남을 깨우친다는 뜻이다. 응진전이 나한전과 다른 점은 상의 배치인데, 나한전이 석가불 좌우에 아난과 가섭이 있는 것과 달리 응진전에서는 미륵보살과 제화갈라보살을 봉안한다.

아미타불의 상주처, 극락전·무량수전·수광전·미타전

극락정토의 주인공인 아미타불을 모신 전각을 극락전極樂殿이라고 한다. 고해苦海의 세상에서 번뇌하는 중생이라면 누구나 행복으로 충만한 이상향, 극락정토에 왕생하려는 염원이 있다. 그래서 아미타불은 일반 중생에게는 절대적 신앙의 대상이었다. 아마도 법당 중 대웅전 다음으로 많은 불전이 바로 극락전인 듯싶다.

극락전에 불상을 봉안할 때 아미타불을 주존으로 모신다. 삼존불의 형태로는 아미타불 좌우에 자비를 상징하는 관음보살과 지혜를 상징하는 대세지보살이 협시한다. 극락세계에서 아미타불을 돕는 존재가 관음보살과 대세지보살인데, 이들을 한데 일러 정토삼존淨土三尊이라고 한다.

한편으로는 대세지보살 대신에 지장보살이 자리하는 경우도 많다.

영주 부석사 무량수전(국보 제18호)

여주 신륵사 극락보전

안동 봉정사 극락전(국보 제15호)

장흥 보림사 미타전

평창 월정사 수광전

지장보살은 사람이 죽어서 간다는 명계冥界를 다스린다. 사람의 입장에서는 극락 못잖게 명계 역시 두렵고 중요한 곳이라서 이에 대한 외경畏敬으로 지장보살을 배치한 것으로 생각된다. 아미타불을 관음보살과 지장보살이 좌우에서 협시하는 구도는 이미 고려시대 불화에서부터 등장한다.

한편, 아미타불을 주불로 봉안한 전각 이름은 극락전 말고도 다양하게 표현된다. 아미타불의 광명이 끝없어 백 천 억 불국토를 비추고[光明無量], 그 수명이 한량없어 백 천 억겁으로도 셀 수 없다[壽命無量] 하여 무량수전無量壽殿이라고도 부른다. 영주 부석사浮石寺 무량수전은 무량수전 중 가장 널리 알려진 전각이다. 또 아미타불의 명호에 따라 미타전彌陀殿이라고도 이름 붙인 경우도 있다. 수명무량의 '수'와 '광명무량'의 '광'을 따서 수광전壽光殿이라고 하기도 했다. 1960년대까지 경주 석굴암에 달렸던 편액이 수광전이었다.

합천 해인사 대비로전

볼 수 없는 법의 형상,
비로자나불상을 봉안한 비로전·대적광전·대광명전·화엄전

비로자나불을 봉안한 전각이 비로전毘盧殿이며, 혹은 대적광전大寂光殿과 대광명전大光明殿이라는 편액이 걸리기도 한다. 모두 비로자나불의 위덕이 밝게 빛남을 찬탄하는 말이다.

비로자나불은 연화장蓮華藏 세계의 주재자라고 한다. 연화장 세계란 곧 진리의 빛이 가득한 대적정大寂定의 세계이므로 대적광전 혹은 대광명전이라고도 부르는 것이다. 주로 화엄종 계통의 사찰에서 본전으로 건립했고, 또 비로자나불 신앙이 《화엄경》에 근거하므로 화엄전이라고도 한다.

이 전각에는 비로자나불을 단독으로 모시거나, 또는 삼존불의 형태로 봉안한다. 삼존불의 경우에는 비로자나불을 중심으로 좌우에 노사

평창 월정사 적광전

논산 관촉사 대광명전

하동 쌍계사 화엄전

나불과 석가불이 협시한다. 진리를 상징하는 비로자나불을 법신불法身佛, 그 왼쪽에 배치되는 노사나불을 보신불報身佛, 오른쪽에 배치되는 석가불을 응신불應身佛이라고 하며, 이렇게 놓이는 삼존불을 특히 삼신불三身佛이라고 부른다.

이 같은 삼신불은 본래 천태종에서 유래한 배치라고도 하지만 조선시대에 와서는 종파에 상관없이 봉안하였다. 또 석가와 노사나는 동체同體이므로 석가의 협시보살인 문수·보현이 비로자나불의 협시보살로도 등장하게 되었다.

아픈 마음과 몸을 치유하는 약사불, 약사전과 약광전

약사전은 약사불상을 모신 전각이다. 약사불은 동쪽에 자리한 유리

약사삼존도(국립중앙박물관)

창녕 관룡사 약사전(보물 제146호)

강화 전등사 약사전(보물 제179호)

광琉璃光 세계를 주재한다. 석가모니가 이 세상에 나오기 훨씬 오래 전 과거에 중생의 질병을 치료하여 수명을 연장시키고, 재화災禍를 소멸시키며 의복·음식 등을 만족케 하고 또 부처의 행을 닦아 무상보리의 묘과를 증득하는 등 12가지 커다란 서원誓願을 세우고 이루겠다고 다짐한 부처다. 따라서 약사불상은 이에 걸맞게 왼손에는 약병을 들고 오른손은 시무외인을 맺는 특유의 모습을 한다.

약사불은 독존으로 봉안되는 경우가 많지만, 《불설약사여래본원경佛說藥師如來本願經》에 나오는 대로 일광日光보살과 월광月光보살을 협시보살로 배치하는 예도 적잖다. 거기에 더해 주변에 열두 동물 모양을 한 12지신장支神將을 호법신중護法神衆으로 배치하기도 한다. 불화에서는 사천왕四天王을 12신장과 함께 그리는 경우도 있다.

약사전이 금당의 역할을 하는 경우는 드물고 규모도 대체로 작은 편이다. 예를 들어 경상남도 창녕의 관룡사觀龍寺 약사전과 전라남도 순천 송광사松廣寺 약사전(보물 제302호)은 조선시대 중후기의 건물인데 모두 앞면과 옆면이 1칸씩으로 법당치고 규모가 작은 편이다.

미륵불보살의 강림을 바라며, 미륵전·용화전·자씨전

미륵전은 미래의 부처님인 미륵불을 모신 법당이다. 미륵불에 의해 정화된 새로운 불국토인 '용화세계龍華世界'를 상징한다고 하여 용화전, 또는 미륵의 한자 의역意譯인 '자씨慈氏'를 따서 자씨전이라고도 부른다.

미륵전에는 미륵보살 혹은 미륵불을 봉안하는 두 가지 경우가 있는데, 우리나라에서는 대부분 미륵불을 봉안한다. 가장 널리 알려진 전각으로 전라북도 김제의 금산사金山寺 미륵전이 있다. 금산사 미륵전은

김제 금산사 미륵전(국보 제62호)

1층에 '대자보전大慈寶殿', 2층에 '용화지회龍華之會', 3층에 '미륵전'이라고 쓴 현판이 있는데 모두 '미륵전'의 또다른 이름들이다. 편액으로 이곳이 미륵불 도량임을 강조하고 있다. 600년 무렵에 창건된 익산의 미륵사도 미륵불의 3회 설법을 상징하기 위하여 전각 3채를 나란히 둔 이른바 삼원三院 가람의 독특한 형식을 하고 있다.

관음보살의 자비가 담긴, 원통전·관음전

관음보살을 모신 불전은 두 가지다. 먼저 그 전각이 사찰의 주불전, 곧 금당일 경우에는 원통전圓通殿이라고 부른다. 원통전이란 명칭은 관음보살은 모든 곳에 두루 나타난다는 이른바 원융통圓融通을 갖추고 중생의 고뇌를 씻어준다는 권능과 구제의 역할을 강조한 것이다. 또

여수 흥국사 원통전

안동 개목사 원통전(보물 제242호)

관음보살을 모신 전각이 금당이 아닌 부속전각의 성격을 띨 경우에는 관음전이라 한다.

원통전이나 관음전 모두 좌우에 협시상 없이 관음보살상 단독으로 봉안된다. 대체로 대좌에 앉은 좌상인데, 왼손에 연꽃가지와 오른손에 감로병甘露瓶을 들고 있는 모습이 많다. 건물 형태는 다른 전각과 구별되는 점은 없지만, 여수 흥국사興國寺 원통전은 법당 주위 사방에 툇마루를 빙 둘러 설치한 형태가 눈에 띈다.

지장보살의 미소, 지장전·명부전·시왕전

지장전은 지장보살을 봉안한다. 지장보살은 명부세계를 다스리므로 명부전, 또는 명부계 심판관인 시왕十王을 봉안하기에 시왕전이라고도 한다. 공주 신원사, 익산 숭림사처럼 영원전靈源殿이라는 이름도 있다.

서울 봉은사 지장전

공주 마곡사 명부전

고려 말까지는 지장전과 시왕전이 독립된 전각으로 각각 분리되어 있었다. 조선시대 억불정책 하에서도 부모에게 효도를 하고, 죽은 부모를 좋은 세계로 보내드리기 위한 불교신앙과 의식은 인정을 받았다. 그래서 죽은 사람에 대한 형벌 및 새로 태어날 세계 등을 결정하는 시왕에 대한 두려움이 죽은 사람을 자비로써 인도하는 지장보살신앙과 결합되어 조선 초기 무렵에 명부전이라는 전각이 성립한 것으로 볼 수 있다.

지장보살은 머리에 두건頭巾을 쓰거나 삭발한 승려 등 두 가지 형식이 있는데, 두 형태 모두 한 손에는 석장을 짚고 있다. 시왕은 《예수시왕생칠경豫修十王生七經》이라는 경전에 근거한 것으로서, 시왕에게 공양하고 죄업을 참회하는 칠재의七齋儀를 행함으로써 죽은 뒤에 좋은 세상에 태어날 수 있다는 것이다.

지장보살상 역시 삼존불 형태로 봉안된다. 지장보살을 중심으로 왼쪽에 도명존자道明尊者, 오른쪽에 무독귀왕無毒鬼王을 각각 입상 형태로

지장보살도(일본 네즈 미술관 소장)

남양주 흥국사 시왕전

서울 봉원사 명부전 지장삼존상(지장보살, 도명존자, 무독귀왕)

배치한다. 그리고 도명존자와 무독귀왕 좌우 의자에 앉아 있는 시왕상을 비롯하여 시왕의 일을 돕는 판관判官·녹사錄事·장군將軍을 각각 2위씩 두어 양쪽에서 서로 마주보게 배치한다. 장군은 투구를 쓰고 갑옷을 입은 무장武將의 모습이며, 더러 웃옷을 벗고 마치 무예를 펼쳐보여주려는 듯이 권법자세를 취한 인왕仁王도 있다.

불교와 토속신의 융합, 삼성각·칠성각·독성각·산신각·용왕각

사찰의 뒷마당에 가보면 보통 사방 한 칸 혹은 앞면 3칸, 옆면 1칸 규모의 자그마한 전각들이 옹기종기 자리한 것을 보게 된다. 이 전각들은

춘천 청평사 삼성각

청도 운문사 칠성각

삼각산 삼성암 독성각

남양주 봉선사 북두각의 치성광여래도

공주 신원사 중악단(산신각, 보물 제1293호)

민족 고유의 토속신들이면서 불교에 융합된 성자聖者들을 모시고 있다. 칠성七星·산신山神·독성獨聖을 따로 각각 다른 건물에 두거나, 삼성각三聖閣이라 하여 한 건물에 함께 봉안하기도 한다.

칠성각은 수명장수신壽命長壽神으로 일컬어지는 북두칠성을 봉안하며 일명 북두각北斗閣이라고도 한다. 조선시대 중기에 처음 나타나기 시작하였다. 주불상은 치성광여래熾盛光如來이다. 그런데 그 뒤에 걸리는 칠성탱 화면에는 치성광여래가 아닌 삼존불·칠여래·도교의 칠성신 등이 그려지기도 하지만, 상으로서는 치성광여래 말고 다른 불상을 봉안하는 경우는 거의 없다. 또 불상 없이 칠성탱만 걸어놓기도 한다.

독성은 천태산 위에서 홀로 선정을 닦는 나반존자那畔尊者를 말한다. 나반존자는 아라한과를 얻은 나한의 하나인데, 중생들의 복을 키우는 복밭[福田]이 되어 미륵불이 출현하는 용화세계가 올 때까지 이 세상에 머문다 한다. 독성 신앙은 고려시대 이래로 발전한 나한 신앙의 한 갈래로, 나반존자의 신통력으로 현실적 행복을 추구하려는 대중들의 기호가 확대된 것으로 생각된다. 경상북도 청도 운문사雲門寺 사리암舍利庵, 서울 수유동의 삼성암三聖庵, 합천 해인사의 희랑대希朗臺 등은 독성 신앙 도량으로 널리 알려져 있다.

북한산 진관사 독성전 산신도(호랑이와 산신)

산신 신앙 역시 불교 도입 이전 오랜 옛날부터 이어져 온 재래 신앙이 불교와 융합한 것이다. 우리나라는 국토의 대부분이 산지로 이루어져 있어 고대부터 자연스럽게 산악을 숭배해 왔다. 이런 전통을 존중하여 불교에서도 호법신중의 개념을 적용해 국토를 보호하는 역할을 부여한 것이다. 대체로 조선 중기 이후 산신각이 건립된 것으로 보고 있다. 산신각 내에는 호랑이와 노인의 모습으로 묘사한 산신상과 산신탱을 봉안하는데, 탱화만 봉안하는 경우도 상당히 많다.

깨달음의 길을 간 고승들, 조사전·영각·영당

선종禪宗의 종풍은 스승에 대한 공경이 각별하다. 불교경전에 의거해 교리와 교법의 깊은 이치를 탐구하는 교종과 달리, 선종은 불립문자·교외별전·직지인심·견성성불을 중시하므로 이심전심의 심법心法에 크게 의지한다. 심법이란 경전보다는 스승의 가르침에서 얻어지는 것이라서 선종에서 조사祖師는 후인들의 귀의처가 될 만큼 존숭 받는다. 조사를 기리는 방식은 사리를 봉안하는 사리탑을 세우고, 그의 일대기인 행장行狀을 적은 비석을 세우는 게 보통이다. 좀 더 위대한 인물이었다면 사찰 경내에 조사전 또는 국사전을 짓고 조사의 영정을 봉안하기도 한다.

조사란 특별한 이치를 깨닫고 이를 대중에게 알렸거나, 훌륭한 제자들을 많이 양성한 뛰어난 스님을 가리킨다. 고려에는 조사와 별도로 당대 모든 승려들의 귀감이 되는 한 스님을 나라에서 국사國師로 임명하는 제도가 생겼다. 국사가 배출된 절에서는 이를 기념해 국사전을 지었다. 대표적인 곳이 순천 송광사의 국사전(국보 제56호)이다. 여기에는 보조국사 지눌知訥을 비롯해 송광사에서 배출한 16분 국사들의 영정이 걸려 있다. 또 영주 부석사 조사당은 고려에서 활발하게 세워졌던 조사전 중에 유일하게 남아있는 건물이다.

조선 후기에 와서는 조사의 개념이 넓어져 큰 절을 창건한 스님이나

서울 봉은사 영각

영주 부석사 조사당(국보 제19호)

중창주까지 조사라고 불렀다. 그에 따라서 조사전 외에 영각影閣 또는 영당影堂이라는 이름의 전각에 진영을 봉안하였다. 특히 중기와 후기에 이런 건물이 늘었는데, 일종의 조사전이라고 해도 무방하다. 여기에 봉안된 진영은 오늘날 적지않게 전하고 있다. 최근에 불교미술의 한 장르로서 이 진영들의 가치와 의의가 새롭게 조명되고 있다.

그런데 조사전의 위치는 대체로 경내에서 가장 깊은 곳에 자리한다. 이러한 배치는 민가에서의 가묘家廟 혹은 유교에서의 서원書院의 후묘선학後廟先學 배치법과 비슷하다. 불교나 유교 모두 선현先賢을 모시는 제도가 서로 비슷했음을 알 수 있다.

전각별 불상 봉안 원칙과 그 예외 현상들

현판이 대웅전인데도 안에는 석가불이 아닌 아미타불이 봉안된 경우가 있다. 반대로 극락전인데 안에는 석가여래와 문수·보현보살이 봉안된 예도 많고, 약사전에 약사불이 아닌 석가여래가 봉안되어 있기도 한다. 이로 말미암아 아미타불이나 석가불 등 존상의 명칭을 분별하는 데 혼돈이 인다. 이런 현상은 왜 일어나는 것일까?

이렇게 된 데는 몇 가지 이유가 있다. 우선 석가불상과 아미타불상의 구분이 도상적으로 명확하지 않다는 점이다. 두 불상을 구분할 수 있는 거의 유일한 특징은 수인手印의 차이뿐이다.

석가불은 선정인이나 항마촉지인, 아미타불은 시무외·여원인과 아미타구품인을 짓도록 되어 있다. 그런데 고려시대 이후 아미타불상 가운데 명확하게 아미타구품인을 짓는 예는 별로 많지 않고 대부분 시무외·여원인이나 석가불의 고유 수인으로 인정되는 항마촉지인을 짓는 경우가 많다.

예를 들어 석굴암 본존불을 아미타불로 보는 것이 정설이지만 정작 수인은 항마촉지인이기 때문에 석가불·비로자나불 등 다른 불상이라는 주장도 꾸준히 나온다. 따라서 수인만 가지고서는 아미타불상과 석

경주 석굴암 본존불의 항마촉지인(오른손)

가불상의 정확한 기준점은 되지 못한다.

또 다른 이유는 전각의 소실 및 중건과 관련이 있다. 예를 들어 석가불상을 봉안한 대웅전이 불에 타버렸지만 다행히 불상은 온전했다. 전각을 새로 짓기로 했는데, 이번에는 대웅전이 아니라 극락전으로 금당을 삼을 필요가 생겼다. 이 경우 아미타불상을 새로 봉안해야 하는데 재정이라든지 다른 여건상 아미타상을 새로 모시기가 여의치 않게 되었다. 나중에 아미타상을 모실 때까지 불상은 그대로 두기로 했다. 그런데 이후 불사가 예정대로 진행되지 않아, 결국 새 극락전 안에 옛 석가불상이 그대로 유지된다. 실제로 이런 예를 문헌에서 여러 차례 찾아볼 수 있다.

그런가 하면 약사전에 석가불상이 모셔져 있는 경우도 있다. 약사불상은 왼손의 손바닥이 위를 향하게 해서 펴고 단전丹田에 댄 다음 그 위에 약합이나 약병을 놓는다. 오른손은 항마촉지인처럼 오른손 무릎 위를 지나서 곧게 편다. 이 모습은 약합만 없다면 석가불상과 흡사하다. 그런데 별도로 만들어 손바닥 위에 고정시킨 약합 또는 약병이 세월이 흘러 떨어져나갔다. 이를 곧바로 보완해 넣어야 되겠지만 차후로 미루다 그 상태로 전래되어, 약사전 안에 석가불상을 봉안한 것처럼 보이게 되는 것이다.

또 하나의 중요한 이유는 불상이 아닌 협시보살상의 변동에 따른 혼돈이다. 앞에서 말한 것처럼 석가불과 아미타불은 형태 면에서 명

문경 대승사 금동아미타불좌상(보물 제1634호)

확한 구분이 어려울 수도 있다. 다만 좌우 협시보살이 석가삼존상은 좌우에 문수·보현보살, 아미타삼존은 관음·세지보살로 서로 달라 존상명칭 구분의 척도가 된다. 그런데 처음에는 대웅전에 석가삼존, 혹은 극락전에 아미타삼존을 법식대로 잘 모셨다가 나중에 협시보살상에 문제가 있어 새로 조성할 필요가 생길 수 있다. 이때 혼돈이 생기는 것이다.

강릉 보현사 대웅전 삼존불—문수·보현이 아닌 관음·세지가 좌우 협시보살로 봉안되어 있다.

아미타삼존도(일본 MOA미술관 소장)

문수·보현·관음·세지는 모습에서 서로 특별한 차이는 없다. 본래는 행태가 조금씩 달랐지만 조선시대 후기에 와서 그 같은 특징이 대부분 희석되어 서로 거의 비슷한 모습으로 조성되는 경우가 많아졌다. 다만 관음보살에는 보관 중앙에 아미타불을 상징하는 작은 불좌상을 새겨 넣는 게 변화없이 이어져 온 유일한 형식이었다. 하지만 조선시대 불상 가운데는 이마저도 무시하고 보관을 다른 보살상의 그것과 거의 차이 없이 조성하는 경우도 적지 않다. 그래서 석가삼존상이나 아미타삼존상의 구분이 매우 모호해지고, 처음의 봉안 의도와는 달리 훗날에 가서는 불상 자체의 존명이 달라지는 것이다.

위에서 말한 몇 가지 사례들은 일부러 법식을 벗어났던 것은 아니고 나중에 예기치 않게 변화된 것이 그대로 굳어진 것뿐이다. 하지만 대웅전에 석가불을 봉안하고 극락전에 아미타불을 봉안해야 한다는 원칙을 의미 있게 생각하지 않는 태도에도 문제가 있다. 석가불이든 아미타불이든 어느 전각에나 다 모실 수 있다는 생각인데, 이런 것은 결과적으로 교리의 혼돈을 일으킬 수도 있다. 또 불상은 단순한 교리의 결과물이 아니라 그 자체로 옛날 사람들의 신앙과 예술이 어우러진 우리의 소중한 전통문화 유산이다. 법식에 따르지 않고 그때그때의 편의에 따라 봉안한다면 전통미술의 가치를 신뢰하는 사람들에게 오해를 살 수 있으니, 새로 불상을 조성하고 봉안할 때는 최대한 옛날의 전통을 지켜주는 게 옳다. 또 그것이 옛사람들에 대한 예의이기도 하다.

4장

불 · 보살상의 종류와 의미

불상은 돌·나무·종이·흙, 그리고 여러 가지 금속을 사용하여 부처님의 모습을 형상화한 것이다. 이 불상을 참배하는 것이 어떤 의미를 지니느냐는 각자가 생각해 볼 문제이다. 어떤 사람은 사람이 만든 '작품'일 뿐인 불상에 절을 하는 것에 과연 어떤 가치를 둘 수 있느냐고 반문한다. 불상뿐만 아니라 불화도 마찬가지다. 하지만 절에서 불상이나 불화에 참배하는 것은 단순히 우상 또는 무생물에 대한 숭배가 아니다. 불상은 부처님의 법을 상징하고, 또 우리는 그 불상을 통해 투영된 자신을 보고 본성을 깨우치기 위해서 절을 하는 것이다.

불상을 다 만든 다음에는 불상에 불성佛性을 담는 의식을 치르는데, 이것을 점안식點眼式이라 한다. 점안식을 통해 불상에 불성이 깃들게 되고, 나아가 중생으로 하여금 진리를 깨우치게 해달라는 염원이 담기게 되는 것이다.

한편 진신사리眞身舍利를 예로 들어 불상에 대한 존경을 설명할 수 있다. 사리는 석가부처님을 다비한 뒤에 나온 신골身骨이기 때문에 불신佛身과 똑같이 존경받는다. 그런데 불상에도 법신사리인 불교 경전을 봉안하기 때문에 불상에서 불성을 볼 수 있다는 것이다.

불상佛像은 일차적으로 부처의 모습을 표현한 상像을 가리키지만, 불상 및 보살상을 포함하여 불교미술에 나타나는 여러 가지 조각상 전체를 말하기도 한다.

현대미술에서 조각은 형태상 환조丸彫나 부조浮彫 모두를 포함하는데, 불상 역시 마찬가지다. 전각에 봉안되는 불보살상은 환조가 대부분이겠지만 바위에 새긴 마애불도 많으며 이들 역시 환조불상 못잖은 위의威儀가 담겨 있다. 예를 들어 경상북도 김천 용화사龍華寺에는 관음전 관음보살 마애입상이 주불主佛로 모셔져 있다.

경주 골굴사 마애여래좌상(보물 제581호)

불상을 이해하고 감상하기 위해서는 그 명호가 무엇이고 교리가 어떻다는 해설도 중요하지만, 불상을 왜 우리가 존중해야 하는지 아는 것이 더 중요하다. 그래야 오랜 옛날부터 지금까지 불상을 봉안해 오는 의미를 근본적으로 이해할 수 있기 때문이다.

절에서 불상을 봉안하는 까닭을 크게 두 가지로 말할 수 있다. 첫 번

불암산 학도암 마애관음보살좌상

째는 비록 그 자체로는 부처가 아닌 인간이 만든 조각품이기는 하지만 부처가 설한 진리와 위의를 투영해 볼 수 있기 때문이다. 불상이라는 존재를 통하여 지금 우리가 볼 수 없는 육신으로서의 부처를 비추어 보고, 거기에 우리의 존경을 담아냄으로써 마음속으로 부처를 느끼고 대할 수 있는 계기가 되는 것이다. 그렇기 때문에 온 정성을 다해 빚은 불상에다 우리의 귀의를 담아내는 의식인 점안식點眼式을 베풂으로써 그 불상에 우리의 신앙을 의탁할 수 있는 것이다.

불상을 귀중히 여겨야 하는 또 하나의 이유는, 불상은 곧 우리의 미술사를 대변하는 '작품'이기 때문이다. 어느 불상이든 시대정신의 정화이자 미술양식의 최고 수준을 갖는 경우가 많으므로 우리의 소중한 문화유산으로서의 가치가 높기 마련이다. 따라서 우리는 우리 자신의 문화를 보호하고 유지하기 위해서라도 불상을 귀히 여겨야 한다. 물론 이것은 비단 불상에만 국한되는 것이 아니라 모든 불교미술에도 똑같이 적용할 철칙이다.

불상에 대한 이해

불상은 언제 처음 만들어졌을까? 석가모니가 지금으로부터 2,500여 년 전 인도에서 태어났으니 그 직후일 것이라고 생각하기 쉽지만, 사실은 그로부터도 500년이나 뒤에야 처음 나타났다는 사실은 놀랍다. 불상의 출현이 이렇게 늦어진 까닭은 확실하지 않다. 열반 직전 제자들에게 자신의 모습을 새겨서 섬기지 말고, 저마다 갖고 있는 자성自性과 불법에 의지하라고 당부한 석가모니의 가르침, 혹은 지극한 성인聖人의 모습은 감히 그리거나 새기지 않았던 풍습 때문이라고 추측한다. 대신 보리수나무, 연꽃, 발바닥[足跡]과 같이 석가모니를 상징할 수 있는 것들을 조각해놓고 거기에 절을 올리곤 했다.

불교가 더욱 발전하자 아무래도 불상 없이는 예불을 제대로 올리기 어려워졌다. 그래서 서기 1세기를 전후해 인도 대륙 서북부의 간다라, 중부의 마투라 지역부터 불상이 나타났다. 이 두 지역은 처음엔 독자적

중국 막고굴 259호굴 여래좌상(북위시대)

으로 불상을 만들다가 점차 서로의 장점들을 주고받았고, 그렇게 약 200년이 흐르자 전보다 훨씬 훌륭한 양식이 완성되었다. 바로 '굽타양식 불상'이다. 인도 불교미술의 황금기이기도 하다.

중국에서는 인도의 영향을 받아 약 3세기에 불상이 나타났는데, 이후 북위시대를 거쳐 6~7세기 수나라, 당나라 시대의 불상은 역대 최고급으로 꼽힌다. 고대 동서양의 무역과 문명을 서로 이어주던 '실크로드'의 주요 경로에 자리한 돈황, 용문, 막고 석굴에도 굴마다 불상이 빼곡하게 장엄될 정도로 불상은 신앙의 중심에 자리하였다. 우리나라와 일본 그리고 동남아시아 여러 나라에서도 역시 불상은 불교미술의 핵심이었다.

우리나라에 처음 불상이 나타났던 시기는 언제일까? 처음에는 인도나 중국에서 불상을 수입했겠지만, 불교 신앙을 공식적으로 인정한 372년에서 그다지 길지 않은 시간 안에 우리 손으로 직접 만들었을 것이다. 고구려, 백제, 신라의 삼국은 국경을 마주하고 있었어도 같은 민족이라는 정서가 있었으므로 불상에 표현된 마음도 한결같았다. 특히 백제와 신라 사람들은 웃음을 즐겨 표현했다. 이 시대 불상들은 중생들을 향해 "어서 와, 힘들었지? 힘내!" 라고 말하려는 듯이 활짝 웃고 있다. 그 중 압권은 충남 서산 마애삼존불상으로, 얼굴에 피어있는 파안대소는 '백제의 미소'로 불릴 만한 명품 미소다.

신라가 삼국을 통일한 뒤 8~9세기의 100여 년 동안 불교미술은 활짝 꽃을 피웠다. 건축, 조각, 공예, 건축 등 각 분야에서 훌륭한 작품들이 잇달아 등장했는데 특히 불상에서 많은 걸작들이 나왔다. 지금 국보 또는 보물로 지정된 불상 대부분 바로 이때 만들어졌다. 세계의 문화

서산 마애삼존불상(국보 제84호)

유산이 된 석굴암 불상도 8세기 통일신라 작품이다. 통일신라는 외국과 문물교류에 적극적이어서 불상도 몸이 날씬하고 섬세한 감정이 살아있는 서구형 얼굴을 선보였다.

그에 비해 고려의 불상은 근엄한 얼굴을 강조했고 신체도 크고 당당해졌다. 고유문화를 중시했고 아름다움의 가치를 외모보다 내면에 두었던 고려사회의 분위기가 불상에도 반영된 것이다. 조선에서는 처음엔 고려의 영향을 받았지만, 1592~1597년에 임진왜란과 정유재란이라는 전에 없던 혹독한 전란을 겪고 나서 흐름이 바뀌었다. 각계각층이 서로 보듬으려는 풍조가 일어난 것이다. 그에 따라 불상도 불교와 유학의 이념이 융화되고, 감성 면에서도 서울과 지방의 정서가 조화된 작품이 나타났다. 마치 사람들의 고달픈 얘기에 귀 기울이려는 듯이 온화한 얼굴을 하고 가슴을 앞으로 숙인 자세는 조선 후기 불상의 일반적 양식이 되었다.

미술은 동서고금을 막론하고 인간을 표현하는데 공을 가장 많이 들인 장르였다. 그래서 인기가 높고 예술성도 탁월한 작품은 늘 인간을 주제로 한 것이었다. 여러 불교미술품 중에서도 특히 인간의 모습을 한 불상이 우리 마음에 더욱 다가오는 건 그래서 당연한 것 같다. 이런 특징들을 이해한다면 기본적인 불상 감상법은 충분히 갖춘 셈이다.

불상의 발생과 전파

불교경전에는 석가모니가 이 세상에 있을 때 한 제자가 나중에 안 계시더라도 부처님의 모습을 볼 수 있는가를 여쭙자, 부처님은 물에 비친 모습을 보고 그대로 만들도록 했다. 이것이 불상의 처음이라는 것이다. 하지만 이는 경전 속의 이야기이고, 실제로 불상이 그림이나 조각으로 표현된 것은 훨씬 훗날의 일이다. 미술작품으로서의 불상이 나타나는 과정을 살펴보겠다.

불상은 인도에서 처음 나타나 중국을 거쳐 우리나라로 전파되었다. 불상이 등장한 시기는 석가 입멸 후 수백 년이 지난 1~2세기 무렵이다. 그 이전에 불상은 나타나지 않고 설법상이나 공양상에서 여러 제자들이 둘러서 있고 그 가운데에 상징적으로 연화대좌만 보인다. 그리고 둘러선 제자들은 대좌를 향해 머리를 숙여 공손히 절하고 있다.

혹은 법륜法輪이나 보리수 주위에 보살들이나 여러 사람들이 모여 경배하고 있으나 정작 불상은 표현되지 않는다. 법륜이나 보리수가 곧 불상을 대신하고 있기 때문이다. 법륜 등에 불상을 대신할 만한 권위가 부여된 것이니, 예컨대 우리나라 조계사 대웅전 앞 법륜상도 부처를 대신해 팔정도를 설하는 것이다. 이처럼 서기 2세기 이전 마땅히 있어야 할 자리에 불상이 표현되지 않았던 시기를 '무불상無佛像 시대'라고 한다.

법륜상(조계사 대웅전 앞)

요즘 사람들로서는 왜 굳이 불상을 표현하지 않으려 했는지 잘 이해되지 않을 수 있다. 아쉽게도 이에 대한 속 시원한 정답은 아직 없다. 불상 연구가 체계적으로 연구되기 시작한 19세기 말 이래로 내로라하는 학자들이 여러 의견들을 내놓았지만 아직 정설은 없다. 다만 근래에 다음과 같은 주장이 제기되고 있다.

흔히 인도의 문화는 서양 쪽에 가까운 것으로 생각되지만 당시에는 중국을 비롯한 동양 문화의 영향이 많았으니 이 문제도 그와 연관 지어서 생각하자는 것이다. 다시 말해서 동양적 보수주의, 그러니까 성인聖人은 함부로 표현하지 않는다는 사고방식에 따라 인류 최대의 성인인 석가부처님을 나타내지 않았다는 것이다. 스승님 그림자도 밟지 않는다는 동양적 외경심인 것이다. 현재로서는 이 같은 추정이 가장 설득력을 얻는 중이다.

비슷한 예가 되겠는데, 우리나라도 조선시대 궁중화가가 그린 행차도行次圖 등을 보면 여러 신하들이 수레를 에워싸고 길게 행렬하는데, 정작 중앙의 왕과 왕비가 탄 수레는 여백으로 처리해 놓았다. 역시 존귀한 사람은 감히 그리지 않는다는 원칙의 발로였다.

다시 인도로 돌아와서, 2세기가 되면서 비로소 불상이 나타났다. 기원전 4세기에 마케도니아의 왕으로 대제국을 건설한 알렉산드로스 Alexander(기원전 356~기원전 323)가 동방원정을 나섰을 때 그리스와 페르시아 문화가 유입된 데 영향을 받았던 결과였다.

그리스·페르시아 미술의 특징은 짙은 사실성事實性에 있는데, 이 같은 특징이 그대로 반영되면서 불상이 만들어지게 되었다는 것이다. 따라서 불상의 탄생은 석가모니 입멸후 동양의 보수적 관념이 희석될 만큼 오랜 시간이 지난 뒤의 일이었다. 한편으로는 불교가 세계종교로서 발전하기 위해서는 사람들이 신앙할 상像이 필요했던 결과일 것이다.

이렇게 나타난 인도 불상은 한 가지 양식이 아니라 처음부터 간다라

간다라 불상

마투라 불상

및 마투라의 두 가지 양식으로 나뉘어 발전했다. 간다라 불상은 완전히 그리스화 된 얼굴 및 신체 표현을, 마투라 불상은 인도인의 얼굴과 신체로 표현되었다.

인도 불상은 그 뒤 3세기 무렵에 중국으로 전파되었고, 다시 우리나라로 건너왔다. 중국이나 우리나 모두 불교를 받아들인 직후부터 자국의 정서와 문화가 담긴 불상을 만들어 내었다. 하지만 기본적으로는 인도 불상의 영향을 간직하고 있으니, 이는 현재 남아 있는 불상을 통해 짐작할 수 있다. 이렇게 인도와 중국 불상의 영향 속에서 백제·고구려·신라·고려·조선 등 각 시대별로 고유한 양식의 불상을 만들어 내었던 것이다.

불상의 종류

불상의 종류를 구분하는 기준은 다양하다. 우선 이름에 따라 구분할 수 있는데, 이를 명호名號라고 한다. 경전 가운데 《불명경佛名經》이 있을 정도로 불교에는 수많은 부처님이 있다. 하지만 우리나라 사찰에 봉안된 불상은 석가·아미타·약사·비로자나·노사나·미륵 등 열 가지가 채 안 되고, 각각의 불상마다 특징적 모습을 하고 있으므로 불상의 형태를 보고 명호를 알아낼 수가 있다.

특히 불상마다 각기 다른 손 모습을 하고 있는데, 이것을 수인手印(Mudra)이라고 한다. 수인은 부처님의 위엄과 본성을 상징, 곧 각 불상의 고유한 성격을 말하는 것이므로 이를 통해 불상의 명호나 존명尊名을 알 수 있는 것이다.

석가불

석가불釋迦佛은 일반 사람들에게 가장 널리 알려진 부처님으로 지금의 중中인도에 해당하는 카빌라 국에서 아버지 정반왕과 어머니 마야부인 사이에서 태어났다. 태자로 있으면서 왕궁을 나와 고행 끝에 깨달음을 얻고 불교를 일으킨 역사상 실재인물이다.

35세에 정각正覺을 이룬 후 녹야원鹿野苑에서 교진여喬陳如 등 다섯 명을 교화한 이른바 초전법륜初轉法輪 이후 제자들과 여러 지방을 다니며 불교를 적극적으로 전파하였다. 대표적 제자로는 가섭迦葉·사리불舍利佛·목건련目腱蓮 등이 있다. 생전에 매우 활발한 전법 활동을 펼치며 많은 사람들의 숭앙을 받았고, 80세에 사라쌍수 아래에서 열반에 들었다. 다만 당시 기록이 정확히 남아있지 않아 열반한 해도 기원전 544년이라는 설과 기원전 1027년이라는 설 등이 있다.

우리나라에서 석가불은 아미타불과 함께 가장 널리 신앙되었으므로 불상으로서도 많이 전하는데, 대웅전 외에 영산전·나한전 등의 본존불로 봉안되었다.

석가불의 수인은 근본 5인과 합장인合掌印 등 전부 여섯 가지가 있다. 근본 5인이란 선정인禪定印·항마촉지인降魔觸地印·전법륜인轉法輪印·시무외인施無畏印·여원인與願印을 말한다. 또는 시무외인과 여원인을 한 동작으로 보고, 여기에 천지인天地印을 포함시키기도 한다.

선정인은 깍지를 낀 두 손을 배꼽 아래의 단전丹田 부근에 가지런히 놓는데, 우리가 흔히 참선할 때 하는 것처럼 손바닥은 위를 향하게 된다. 그런데 4세기 말에서 5세기 초로 추정되는 우리나라에서 가장 오래된 불상 중 하나로 꼽히는 뚝섬 발견 석불좌상은 손바닥이 위를 향하는 것이 아니라 배를 향하고 있는 점이 색다르다. 당시 중국에서 유행했던 도교道教의 수행자세에 영향을 받았다는 설이 있다.

항마촉지인은 석가모니의 정각 성취를 상징하는 수인이다. 그 형태는 결가부좌한 자세의 선정인에서 오른손을 오른쪽 무릎에 얹어 손가락으로 땅을 가리키는 모습이다. 그러므로 이를 보통 촉지인觸地印 또는 지지인指地印이라고도 한다. 석가모니가 악마의 도전과 시험을 물리치고 정각을 이루었음을 지신地神으로

선정인(금동불좌상, 서울 뚝섬 출토)

항마촉지인(경주 칠불암 마애불상, 국보 제312호)

하여금 처음 증명케 하는 손의 모습이라고 알려져 있다. 그리고 왼손은 대체로 손바닥을 위로 하여 단전 아래에 놓거나 왼쪽 무릎이나 오른쪽 발바닥 위에 놓는다. 석가불상의 수인 중 가장 많이 보이며, 경주 칠불암 마애불상 중 본존상에서 이런 수인을 확인할 수 있다.

전법륜인은 석가모니의 설법을 상징하는 수인이다. 고행 끝에 정각을 이룬 석가모니는 다섯 명의 비구를 위하여 녹야원에서 고苦·집集·멸滅·도道의 사제四諦 법문을 설하였다. 이 설법의 장면을 상징하는 수인이 바로 전법륜인이다. 양 손 각각 엄지와 집게손가락을 서로 맞대고 나머지 손가락은 바깥으로 펼친 채 양 손을 서로 아래 위로 맞닿게 한

보은 법주사 추래암 마애여래좌상(보물 제15호)의 전법륜인

모양이다. 전법륜인은 상으로서는 그 예가 많지 않다. 아마 환조상의 경우 조각하기 어려운 이유도 있을 것 같다. 그래서 석조보다는 기술적으로 표현하기 쉬운 마애불, 판불板佛에 주로 표현되었다. 보은 법주사 추래암 마애여래좌상, 경주 월지에서 발견된 금동판불상 등이 대표적인 작품이다.

시무외인은 모든 중생에게 두려움을 떨쳐버리게 하고[無畏] 온갖 근심과 걱정을 없애 주는 수인이다. 다섯 손가락을 가지런

경주 월지출토 금동여래삼존판불상(보물 제1475호)

히 펴서 손바닥을 밖으로 하여 어깨 높이까지 올린 모습이다. 여원인과 한 쌍으로 나타나는 경우가 많다.

여원인은 여인與印이라고도 한다. 부처님이 중생에게 대자大慈의 덕을 베풀어 중생이 원하는 것을 이뤄주게 해준다는 수인이다. 손바닥을 바깥으로 향하여 다섯 손가락을 쫙 편 상태에서 아래로 내린다. 여원인은 오른쪽, 왼쪽 위치가 서로 반대이다. 오른손이 시무외인인 경우가 좀 더 많지만 일정한 원칙은 없다. 시무외와 여원인을 한 불상은 통일신라와 고려시대의 금동불과 석불입상에 많다. 또 이 두 수인은 석가불뿐만 아니라 아미타불에도 나타나기 때문에 두루 쓰인다 해서 통인通印이라고도 한다. 경주 감산사 석조 아미타여래입상 등 예가 아주 많다.

천지인은 탄생불誕生佛의 모습에서 표현된다. 석가모니가 탄생하자마자 사방으로 일곱 걸음씩 걸은 다음 한 손으로는 하늘을 가리키고, 다른 한 손으로는 땅을 가리키

시무외·여원인을 한 감산사 아미타여래 입상(국보 제82호)

천지인(삼국시대 금동탄생불)

합장인(북한산 국녕사 대불)

면서 '천상천하유아독존天上天下唯我獨尊'이라고 했다는 데서 유래한 수인이다.

합장인은 두 손을 서로 합쳐서 나타내는 수인인데 모두 12종이 있어 12합장인이라고 한다. 견실합장堅實合掌 · 허심합장虛心合掌 · 미개련합장未開蓮合掌 · 초할련합장初割蓮合掌 · 현로합장顯露合掌 · 지수합장持水合掌 · 금강합장金剛合掌 · 반차합장反叉合掌 · 반배호상착합장反背互相著合掌 · 횡주지합장橫柱指合掌 · 복수향하합장覆手向下合掌 · 복수합장覆手合掌 등이 그것이다. 다만 우리나라 불상에서 이런 수인이 표현된 경우는 거의 없다.

석가불상의 수인이 다양하게 표현된 것은 그만큼 대중들이 석가불에 귀의한 바가 컸다는 의미도 될 것이다.

극락에의 염원, 아미타불

아미타불Amitādha(또는 Amitāyus)은 극락정토를 다스리며 중생을 구제하려는 원願을 세운 부처이다. 아미타불은 오랜 옛날 과거세에 한 나라의 왕이었다가 세자재왕불世自在王佛의 감화를 받아 출가한 법장法藏 비구였다. 법장 비구는 210억이나 되는 많은 불국토를 친견하고 5겁이라는 아주 긴 시간 동안 수행하였다. 그리고 48대원을 세워 자신과 남들이 함께 성불하기를 소원하였는데 이미 10겁 전에 이를 성취하고 성불하여 아미타불이 되었다고 한다. 그리고 지금도 그가 머무는 극락정토에서 설법을 하고 있다.

아미타탱화의 구도에 나름의 특별한 구성이 보이지 않고, 석가여래가 영축산에서 설법하는 모습을 표현한 영산회상도처럼 설법도 형식으로 그려지는 것도 바로 이 때문이다. 아미타불을 무량수불無量壽佛이라고 부르는 것은 오랜 세월 동안 수행하여 성불하였기 때문이며, 또 무량광불無量光佛이라고도 하는 것은 전 우주에 지혜의 빛을 무궁하게 밝히는 것을 의미한다.

아미타불의 수인은 이른바 미타정인彌陀定印을 짓는다. 미타정인은 선정인에서 약간 변형된 수인이다. 먼저 무릎 위 단전 아래에 왼손을 놓고 그 위에 오른손을 포개 놓은 다음 집게손가락을 구부려 엄지의 끝을 마주 대어 집게손가락이 서로 닿게 한다. 그렇기 때문에 만약 입상이라면 설법인으

원주 출토 고려 철조아미타불상의 미타정인(국립중앙박물관)

로 나타난다.

미타정인에는 아홉 가지 종류가 있어서 이를 아마타여래 9품인이라고 한다. 수인은 기본적으로 사람들의 근기機根, 곧 저마다 타고난 성품과 능력에 따라 짓는 것인데, 극락세계에 왕생하는 무리를 상·중·하 3품으로 나누고 이를 각기 또 3생으로 나누어 9단계의 수인으로 나타낸 것이다. 말하자면 아홉 개의 등급으로 구분된다고 보면 된다.

이 가운데 가장 높은 단계인 상품상생인上品上生印은 선정인과 같다. 왼쪽 손바닥 위에 오른쪽 손등을 놓고(이때 손바닥 전체가 아닌 엄지를 제외한 네 손가락 부분이 서로 겹치게 올려놓는다) 양쪽 집게손가락을 구부려 각각의 엄지에 댄다. 그리고 상품중생인上品中生印은 같은 손 모습에서 중지를 구부려 엄지에 대며, 상품하생인上品下生印은 무명지를 구부려서 엄지에 대는 모양을 한다.

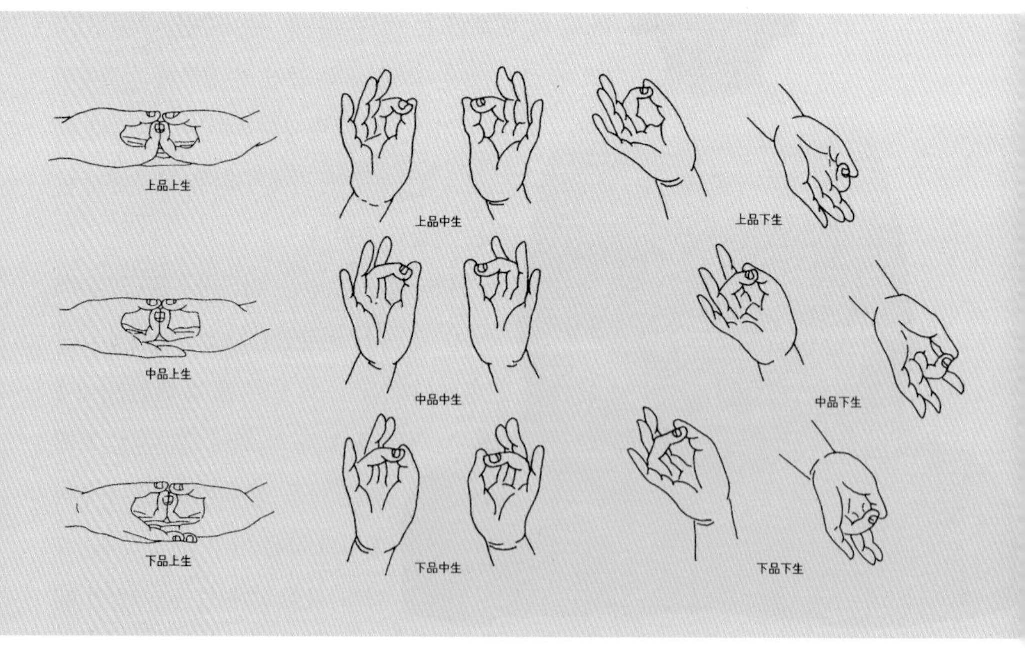

아미타여래 구품인 그림

중품中品의 수인은 두 손을 가슴 앞까지 들고 손바닥은 밖으로 하여 나타낸 수인인데, 먼저 중품상생인은 두 손의 집게손가락을 각각의 엄지와 마주대고, 중품중생인은 장지와 엄지를, 하생인은 약지와 엄지를 대는 모습이다.

비로자나불

석남암사지 석조비로자나불좌상(국보 제233-1호)

비로자나불毘盧舍那佛(Virosana)은 부처의 진신眞身을 형상화한 것이다. 진리는 본래 형체가 없지만, 형체가 없으면 사람들이 알아볼 수 없으므로 방편方便으로 부처의 몸, 곧 진신으로 표현한다는 것이다. 그런데 진리는 곧 밝고 빠른 빛과 같다고 보아 비로자나불은 빛, 곧 광명을 상징한다. 그래서 신광身光과 지광智光(지혜의 빛)이 이 세상에 두루 비춰 밝힌다는 의미에서 광명변조光明遍照라고도 부른다. 일본에서는 대일여래大日如來인데, 우리나라에서 대일여래로 부르는 경우는 드물다.

수인은 지권인智拳印과 법계정인法界定印을 한다. 지권인은 왼손의 집게손가락을 펴서 오른손으로 감싸 쥐면서 오른손의 엄지와 왼손의

괴산 각연사 석조비로자나불좌상(보물 제433호)

석조비로자나불좌상(국립중앙박물관)

불국사 비로전 비로자나불좌상(국보 제26호)

검지를 맞대거나, 혹은 오른손 검지와 왼손 검지를 맞대는 두 가지 형태가 있다. 이때의 오른손은 불계佛界, 왼손은 중생계를 의미하는데 부처와 중생이 둘이 아니고 미혹과 깨달음이 하나임을 뜻하는 것이라고 한다.

법계정인은 석가의 근본 5인과 같다. 결가부좌에 두 손의 엄지손가락을 단전 아래에서 서로 맞대는 모습이다. 손의 위치가 바뀌는 경우도 있으나 어느 쪽이 원칙이라고 하기 어렵다.

약사불

약사불藥師佛(Bhaisajyaguru -vaidurya)은 일체 중생의 병을 낫게 하는 부처이다. 6세기 후반에 달마급다達摩笈多가 번역한 《약사여래본원공덕경》에 따르면 약사여래는 수미산의 동쪽 정유리국淨琉璃國에 머무르고 있

금동약사불입상(보물 제328호)

시흥 호압사 약사여래상

어 일명 약사유리광여래라고 한다. 또는 모든 병을 치유해주므로 대의왕불大醫王佛이라고도 부른다. 약사여래는 중생을 위해 열두 가지 원을 세워 이를 행하고 있으니, 이를 약사 12대원大願이라고 한다.

사람들에게는 내세에서의 극락왕생과 더불어 현생에서 병 없이 사는 것이 커다란 소원이었으므로 약사여래상은 상당히 인기였다. 우리나라에서는 8세기 이후부터 약사여래상이 나타난다. 수인은 오른쪽 무릎 위에 손등이 위로 오게 펼친 오른손을 놓고, 왼손은 손바닥을 위로 하여 손날이 배꼽 아래에 가게 하는데, 이 손바닥에 약을 넣은 약호藥壺나 약합藥盒, 약병藥甁, 혹은 보주寶珠를 올려놓는다.

노사나불

노사나불盧舍那佛은 삼천대천세계를 다스리는 부처로 원만과 무결無缺을 상징한다. 《장아함경長阿含經》·《범망경梵網經》 등에 노사나불의 공덕에 대한 이야기가 나온다.

흔히 비로자나불은 진리를 상징하는 법신法身, 석가불을 응신應身, 노사나불을 보신報身이라고 한다. 따라서 석가불과 노사나불은 서로 다른 게 아니라 하나라고 본다. 그래서 불상으로 표현할 때 수인도 석가불상과 같이 항마촉지인, 선정인, 구품인 등을 짓는다.

그러나 우리나라에서는 석가불을 특히 존숭했으므로 불상에서 노사나불을 단독으로 봉안하는 경우는 거의 없고, 비로전 등에서 비로자나불을 중심으로 석가불과 더불어 좌우에 봉안되었다. 이 경우 삼신상三身像이라고 하는데, 특히 천태종天台宗에서 발달하였다.

그런데 불상과는 달리 불화에서는 경상북도 영천 수도사修道寺 괘불에서처럼 노사나불을 단독으로 그리기도 했는데, 이럴 경우 대체로 머

동해 삼화사 적광전 노사나불좌상(보물 제1292호)

리에 보관을 쓴 보살의 형태로 표현한다.

보살상의 종류

문수보살

문수文殊는 산스크리트어 Mañjuśri(만주슈리)의 발음과 비슷하게 한자로 옮긴 것이다. 묘길상妙吉祥·묘음妙音 등을 뜻한다. 보현보살과 더

오대산 전경

불어 일체보살의 으뜸으로 석가여래의 중생 제도를 도우며, 지혜를 상징한다. 《화엄경》에 오대산(혹은 청량산)이 문수보살의 상주처라고 나온다. 그래서 중국 산시성山西省 오대산에 1만 보살과 함께하고 있다고 여겨지기도 했다.

우리나라에서도 6세기 신라의 자장慈藏율사가 중국 오대산에서 문수보살을 친견한 이래로 문수신앙이 성행되었다. 예를 들어 중국 오대산과 흡사하다는 강원도 오대산은 바로 문수신앙의 성지로 되었다. 그밖에 절 이름이 문수사인 곳도 상당수 있어 우리나라 문수신앙의 흐름을 알 수 있다.

조각으로 표현될 때는 대체로 대웅전에서 석가불상의 왼쪽에 협시하며, 연꽃가지나 보병寶甁을 들고 있다. 하지만 문수전이라는 별도의 전각에 단독으로 봉안되는 경우도 상당수 있으며, 사자獅子 위에 걸터앉은 모습을 하기도 한다.

오대산 상원사 문수동자상(국보 제221호)

오대산 상원사 문수보살상(보물 제1811호)

영암 도갑사 문수동자상(보물 제1134호)

북한산 문수사 문수보살상

보현보살

보현普賢은 일체보살의 으뜸으로 석가여래의 중생 제도를 도우며, 행원行願을 상징한다. '보현'이라는 이름은 '보편普遍'과, '선현善賢'의 뜻을 갖는다. 중생들의 수명을 연장해주는 공덕이 있다고 믿어서 일명 연명延命보살이라고도 한다. 또한 상서로움이 온 누리에 가득하다는 '변길遍吉'의 의미를 지닌다. 이처럼 중생에게 다양한 복덕을 전해주기에 절 이름이 보현사인 곳이 아주 많다. 《화엄경》에 보현보살은 아미산峨眉山에 상주한다고 나와 산이름도 보현산인 경우가 많다.

주로 대웅전에서 석가불상의 오른쪽에 협시하는데, 연꽃가지나 보병을 들고 있다. 단독으로 봉안될 때 종종 백상白象 위에 앉아 있는 모습을 하고 있는 것은 정행正行, 곧 올바른 행동을 상징하기 때문이다. 《법화경》에 사람들이 이 경전을 읽으면 보현보살이 육아六牙 백상을 타고 나타난다는 말이 있다.

강릉 보현사 내경

영암 도갑사 보현동자상(보물 제1134호)

보현보살도(일본 고쿠린인 소장)

파주 보광사 대웅보전 보현보살 벽화

관음보살

관음觀音보살은 이 세상의 모든 것을 보고 듣는 보살이라는 뜻을 갖는다. 대자대비를 근본 서원으로 하며, 《화엄경》에 보타락가산寶陀洛伽山에 상주한다고 나온다.

관음보살은 중생을 교화할 때 그 대상의 근기에 맞춰서 여러 가지 모습으로 나타난다고 한다. 이를 보문시현普門示現이라 하여 모두 33가지의 모습이 있다. 이를 33응신應身이라고 부른다. 이것을 그림으로 나타낸 것이 〈관음 33응신도〉로서 가장 대표적인 작품이 영암 도갑사에 전

강진 무위사 수월관음도(보물 제1314호)

하였으나, 임진왜란 때 일본으로 유출되었다.

33응신 중에서도 가장 근본이 되는 여섯 가지 모습을 6관음이라고 한다. 성聖관음 · 천수千手관음 · 마두馬頭관음 · 십일면十一面관음 · 준제准提관음 · 여의륜如意輪관음이 그것인데, 이 가운데 성관음이 본신이고

양양 낙산사 해수관음상

연봉오리를 든 관음보살(백제, 국보 제183호)

금동 십일면천수관음상(고려)

나머지는 보문시현의 다른 모습들이다. 그 밖에 영암 도갑사 후불벽의 백의白衣관음, 양양 낙산사의 해수海水관음, 고려시대 불화에 보이는 양류楊柳관음 등이 우리나라에서 널리 알려진 관음의 다양한 모습이다.

대세지보살

대세지大勢至는 대정진大精進을 뜻하며 흔히 세지보살이라고도 한다. 이 보살의 지혜 광명이 모든 중생에게 비추어 3도塗 8난難에서 벗어나게 하고, 또한 그가 발을 디디면 삼천세계와 마군의 궁전이 진동하므로 대세지라 한 것이다. 서방 극락세계에서 관음보살과 함께 아미타불을 보좌하는 정토삼존淨土三尊으로 꼽힌다.

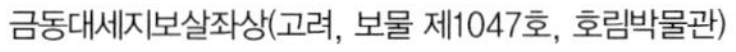

금동대세지보살좌상(고려, 보물 제1047호, 호림박물관)

대세지보살입상(1333년, 국립중앙박물관)

머리에 쓴 보관 한가운데에 보병寶甁을 얹거나 손에 연꽃가지를 들고 있는 모습으로 표현되는 경우가 많다.

지장보살

지장地藏보살은 도리천에서 자신이 설한 가르침을 잘 수지受持하여 사람들에게 전수해 달라는 석가여래의 간절한 당부[咐囑]를 받고 매일 아침 선정에 들어 중생의 근기를 관찰하는 보살이다. 석가여래가 열반한 뒤부터 미륵불이 출현할 때까지의 오탁악세汚濁惡世 중에 천상에서 지옥까지의 일체 중생을 구제하겠다는 원을 세운 보살이므로 명성과

철원 심원사 석조지장보살상

삼각산 도선사 지장보살상

공덕이 가장 크다고 여겨졌다.

지장보살은 육도六道의 중생을 구원하는 대원대비의 보살이다. 지옥·아귀·축생·아수라·인간·천상 가운데서 단 하나의 중생이라도 지옥의 고통을 받는 사람이 있다면 모든 중생이 다 성불한 다음이라야 성불하겠다는 원을 세웠다. 그래서 대원대비보살이라고도 한다.

지장보살은 사람이 죽어 저승에 가면 이승에서 지은 업보를 소멸시켜 주기도 하는데, 지장보살에게 귀의하여 해탈을 구하면 지옥의 고통과 악도惡道를 벗어나 천상락天上樂을 얻게 된다고 한다.

지장보살의 형태는 보관을 쓰고 왼손으로 연꽃을 들며 오른손으로 시무외인을 짓거나 보주를 든 모습이다. 나중에 만들어진 《연명지장경》의 영향으로 석장錫杖을 짚은 승려 모습으로 나타나기도 하였는데,

우리나라에서는 대부분 전자의 모습으로 표현되었다. 그 밖에 수자授子지장, 육六지장, 승군勝軍지장 등 중생의 복덕을 위해 다양한 역할을 하는 지장상들이 나타났다.

일광·월광보살

일광日光보살과 월광月光보살은 약사불을 좌우에서 협시하는 보살이다. 각각 머리에 쓴 보관에 해와 달을 배치하는데, 이것은 어둠을 밝혀 모든 중생의 괴로움과 병고를 구제한다는 의미를 지닌다.

시흥 호압사 약사전 일광보살과 월광보살

미륵보살반가상(국보 제83호)

경주 감산사 석조미륵보살입상(국보 제81호, 국립중앙박물관)

미륵보살

미륵彌勒은 사랑, 자비를 뜻하는 범어 '미트라mitra'에서 파생한 마이트리야Maitreya를 음역한 것이고, 자씨慈氏보살은 의역이다. 김제 금산사의 미륵전이 일명 자씨전인 것도 미륵보살을 봉안하고 있기 때문이다. 본래 미륵은 인도의 바라문이었으나 석가모니에 교화되어 미래에 성불하리라는 수기授記(예언)를 받았다. 이후 도솔천에 올라간 미륵은 천인天人들을 교화하고 있으며 석가여래 입멸 후 56억 7천만년 뒤에 사바세계에 내려온다고 한다. 그리고 화림원華林園의 용화수龍華樹 아래에서 성도하여 부처가 된 다음 세 번의 설법으로 중생을 구제한다고 한다.

이렇게 미륵은 보살과 부처 각각의 모습으로 나타난다. 보살과 불상으로 각각 표현되는 것은 다른 불보살상에서는 없는 유일한 경우다.

우리나라에서는 삼국시대에 반가사유상半跏思惟像의 형태로 미륵보살이 조성되었다. 미륵불은 전시대에 걸쳐 조성되었지만 특히 고려 말과 조선시대 말에 많이 만들어졌다. 대중들이 혼란한 사회를 구제하는 미륵불의 출현을 고대한 결과라고 할 수 있다. 그래서 미륵불은 대체로 불상으로서의 조각수법이 거칠기는 하지만 고단한 민중들이 복락을 누리고자 하는 염원을 집약한 의미를 담고 있다.

불 · 보살상의 재질

불상을 만드는 데는 다양한 재질이 사용된다. 우선 금속으로 금·은·청동(금동)·철이 있고, 그 밖에 돌·나무·종이·흙 등도 불상의 주요 재료였다. 불상 재질에 대한 이해와 지식은 불상을 감상하는 데 있어서 꽤 유용한 정보가 될 수 있다.

금 · 은

금金과 은銀은 예로부터 워낙 귀한 금속인데다가 재질 자체가 연성軟性이라 보통 규모의 사찰로서 큰 불상을 만들기는 벅찼을 것이다. 그래서 그런지 현재 남아 있는 순금·순은 불상은 대부분 1m 이하이다. 그것도 법당 안에 봉안하는 용도가 아니라 주로 사리장엄이나 원불願佛 용도인 작은 상으로만 만들었다. 경주 구황동 삼층석탑에서 나온 사리장엄 가운데 아미타여래좌상과 미륵여래입상이 그 좋은 예다.

경주 구황동 금제여래좌상(국보 제79호, 국립중앙박물관)

경주 구황동 금제여래입상(국보 제80호, 국립중앙박물관)

청동靑銅은 금·은에 비해 제작비가 훨씬 저렴하고 대형으로 만들기도 쉬워 불상의 재질로 많이 사용되었다. 동 위에 금박을 입히거나 도금鍍金해서 금동金銅으로 하였으므로, 지금 청동으로 알려진 불상들도 대부분 금동불이라고 해야 옳다.

금동상은 금·은 불상과 더불어 삼국시대부터 조선시대에 이르기까지 전 기간 동안 꾸준히 애호되었던 재료였다. 금동상은 철불과 마찬가지로 먼저 나무로 깎아 본체 틀을 만든 다음 청동을 부어 주조鑄造한

고구려 연가7년명 금동여래입상(국보 제119호)

금동미륵보살반가상(국보 제78호)

다. 그리고 같은 주조라도 철불에 비해 금동불이 훨씬 섬세하게 표현되는데, 그것은 청동에 섞인 납(원소기호 Pb) 등의 성분으로 인해 본체 틀의 겉면에 훨씬 부드럽게 스며들기 때문이다. 반면에 철은 성분이 거칠어서 매끄럽게 표면에 스며들지 못한다.

철

철鐵은 우리나라에서 청동기시대부터 사용되었지만 불상의 재료가 된 것은 9세기부터였다. 금속류 가운데 불상의 재료로는 가장 늦게 채택되었지만, 9세기 후반부터 11세기까지 꽤 유행하였다. 철불에서 흥미로운 점은 지금까지 전하는 작품 모두 경주 이외의 지역에서만 봉안되

경기도 광주출토 철불(하남 하사창동 철조여래좌상, 보물 제332호)

었다는 점이다. 이것은 당시 신라의 수도였던 경주 사람들은 철로 불상을 만드는 것을 좋아하지 않았다는 의미로도 해석된다. 당시는 신라 왕실의 권위와 통치력이 급격히 떨어진 시기였다.

철은 표면이 울퉁불퉁하고 거칠어 아무래도 매끈한 청동 또는 금동보다 덜 세련되어 보이는 게 사실이다. 따라서 철로 불상을 만든다면 세련미로는 동아시아 중에서도 으뜸갔을 신라 사람들의 눈에는 분명 마뜩치 않게 보였을 것이다.

이렇게 경주의 귀족들이 달가워하지 않던 철불을 지방 호족들이 선호했던 것은 지방 호족 세력이 커져가던 당시의 시대상황과도 무관하지 않은 것 같다. 그들은 중앙 귀족들이 기피하던 철불을 아무 거리낌 없이 봉안함으로써 종교적으로 중앙과 차별성을 나타내려 했는지도 모르겠다. 물론 철불상 조성은 철의 산지와 밀접한 관련이 있다. 예를 들면 충청북도 충주에는 단호사, 대원사, 백운사 등에 통일신라 철불이 봉안되었다. 한 지역에 이렇게 다수의 철불이 봉안된 현상은 충주가 철의 산지인 점을 빼놓고 설명할 수 없다. 이 시기에 만든 철불 가운데는 충청남도 서산 보원사지普願寺址에서 출토된 철불, 경기도 광주에서 출토된 철불(보물 제332호), 전라북도 남원 선원사 철불(보물 제422호)처럼 조형적으로 볼 때 같은 시기에 만들어진 다른 재질의 걸작 불상에 전혀 뒤지지 않는 우수한 작품도 많이 전한다.

서산 보원사지 출토 철불(국립중앙박물관)

나무로 만든 목조 불상은 주로 조선시대에 제작된 것이 많고, 삼국시대부터 고려시대에 걸친 시기의 작품은 아주 드물다. 현재 전하는 것 가운데 가장 오래된 작품은 합천 해인사 적광전의 불상으로 통일신라시대 작품이다. 조선시대 목조 불상으로는 순천 송광사松廣寺의 목조 삼존불감 안에 있는 삼존불상을 들 수 있는데, 정확한 조성시기는 알 수 없으나 고려 중기에 활동한 보조국사 지눌知訥(1158~1210)의 원불願佛이었다고 전한다. 다만 이 불상은 양식으로 볼 때 우리나라에서 만든 것이 아니라 중국 당唐에서 만들어 우리나라에 전래되었을 가능성도 있다.

지금 남아 있는 목불상의 수종樹種이 무엇인지 체계적으로 조사된 적은 없지만 간혹 재질이 조사된 적이 있는데 소나무·향나무·피나무가

합천 해인사 대비로전 목조비로자나불좌상(보물 제1777호, 제1779호)

많았다. 단단하면서 해충에 강해서 애용되었을 것 같다.

나무로 만들면 철이나 돌로 제작하는 것보다 조각가의 뜻대로 섬세한 표현이 가능하다. 예를 들어 철불은 먼저 나무로 본체를 깎아 틀을 만든 다음 쇳물을 부어 찍어 내는 주조鑄造 과정을 거쳐야 한다. 따라서 세밀한 부분은 주조 과정에서 당초의 조각이 그대로 표현되기 어렵다.

석불 역시 재료 자체가 단단하여 섬세한 표현이 어렵다. 요즘에는 끌이나 정 등의 조각 도구가 다이아몬드나 철보다 강한 금속으로 만들어져서 예전보다 한결 조각하기가 수월하고, 그 밖의 기구가 발명되었지만 조선시대까지만 하더라도 돌에 불상을 새기는 일이 그렇게 쉽지만은 않았을 것이다.

목불상은 다 만든 다음에는 겉에 도금을 한다. 그러나 시간이 지나면 도금칠이 벗겨지게 된다. 이럴 때 겉면에 다시 한 번 도금을 하는데 이를 개금改金이라고 한다.

목불상의 단점은 돌이나 금속에 비해 내구성이 훨씬 떨어지기 때문에 보존이 어렵다. 이웃 일본은 우리나라의 통일신라나 고려에 해당하는 시기에 만든 목조불상 작품이 꽤 많이 전해지지만, 아쉽게도 우리나라에서는 잦았던 전란 때문에 조선시대 이전의 작품은 매우 드물다.

고려 목조관음보살상(국립중앙박물관)

돌[石]

돌의 재질은 우리나라 곳곳에서 쉽게 얻을 수 있는 화강암이 거의 대부분이다. 근래는 전라북도 익산 황등면의 황등석과 경상남도 거창의 거창석이 가장 품질이 좋은 것으로 알려져 있는데, 과거에도 비슷했을 것이다. 황등석의 경우 익산에서 아주 가까운 곳에 600년(백제 무왕 2) 무렵에 창건된 미륵사彌勒寺가 있었고, 경내에 있는 백제의 기념비적인 석탑인 동서 석탑을 비롯한 숱한 석조 작품이 모두 이 황등석으로 만든 것으로 생각된다.

그 밖에 삼국시대 불상 가운데는 납석蠟石, 곧 곱돌로 만든 것도 있지만 그 수는 아주 적다. 납석은 활석滑石 또는 활옥滑玉이라고도 한다. 백제 납석제 불보살병립상(충북 제천 출토, 청주박물관 소장), 납석제 불좌상(충남 부여 군수리 출토, 부여박물관 소장, 보물 제329호) 등이 있다. 삼국 중에서 특히 백제 불상 중에 납석제가 많은데, 충북 충주가 오래 전부터 활석광산이 많은 것과도 관련이 있다.

한편 옥玉으로 만든 불상도 있다. 옥이 돌보다 귀한데도 옥불상은 생각보다 많은 편이다. 하지만 옥불상이 얼마나 되는지 자세한 집계는 되어 있지 못하다. 그리고 옥 자체가 따지고 보면 돌의 일종이므로 우리나라 석불상 대부분을 차지하는 화강암과 비교해서 다른 종류의 돌이 곧 옥이라고 보아도 큰 무리는 없을 것이다.

석불상 역시 다 만든 다음에 겉면을 그대로 두지는 않았고 채색을 하거나 회분灰粉을 발랐다. 예를 들면 경상북도 군위의 제2석굴암第二石窟庵 삼존불상에는 채색의 흔적이 일부에 남아 있다. 물론 지금 남아 있는 석불상 가운데 이렇게 채색된 예는 많지 않다. 하지만 석불이란 곧 종교적 목적으로 만든 미술작품인데 완성한 다음에 아무런 장엄을 하지 않았다고 보기 어렵다는 주장도 많다. 석불상이나 마애불의 채색 여부는

익산 황등면의 석재로 만든 익산 미륵사지 석탑(동탑, 1991년 복원)

군위 제2석굴암 삼존석불(국보 제109호)

경주 삼화령 삼존불상(보물 제2071호)

태안 마애삼존불(국보 제307호)

서울 옥천암 마애보살좌상(보도각백불, 보물 제1820호)

당장 결론 내리기는 어렵고 연구가 좀 더 이루어져야 할 것 같다.

석조상은 경주 석굴암 본존상처럼 환조로 만든 것과 바위면에 새기는 부조가 있다. 부조의 경우는 따로 마애상磨崖像이라고 말한다. 마애상은 삼국시대부터 고려시대에 걸쳐 많이 만들어졌다. 충청남도 서산시 태안면의 백제시대 마애삼존불이나 경상북도 경주 단석산 신선사神仙寺 마애불은 모두 7세기 초반의 작품으로 우리나라 마애불의 가장 오래된 예들이다.

경주 단석산 신선사 마애불(국보 제199호)

흙으로 빚은 불상을 소조상塑造像이라 한다. 소조상은 재질 특성상 완성 직전까지 도중에 여러 차례 수정이 가능하기 때문에 다른 재질보다 더욱 섬세한 표현을 할 수 있다.

좋은 작품이 나오기 위해서는 작가의 역량 외에 재료가 되는 흙의 성분도 중요하다. 흙으로 빚은 다음 그늘에 말려야 하는데 그냥 놓아두

영주 부석사 무량수전 소조여래좌상(국보 제45호)

면 얼마 안 가서 갈라지고 터져버리므로 도자기를 굽는 가마에 굽는다. 이럴 경우 엄격하게 말하면 소조상이 아니라 도조상陶造像이라 해야 하겠지만 흙이라는 재질을 강조하기 위해 보통 소조상이라고 부른다.

평남 평원 원오리 출토 소조불상

종이

종이로 만든 불상이 지불紙佛이다. 나무나 흙으로 전체적인 불상의 형상을 만든 다음 그 위에 종이를 여러 겹 붙이면 여느 재료 못지않게 단단하게 된다. 그리고 나중에 종이에서 틀을 떼어내면 지불이 완성된다. 물론 종이를 수백 겹으로 발라야 하고, 또 종이를 겹쳐 바를 때마다 접착제를 사용하니까 종이가 얇아도 완성될 때는 1㎝ 가까운 두께가 된다.

지불과 연관되는 것으로 칠을 한 건칠불乾漆佛이 있다. 흙이나 나무로 먼저 형태를 만든 다음 종이나 비단 같은 견직물을 씌우고 그 위에 칠을 하여 완성한다. 칠이란 옻나무에서 나오는 액체인데, 생산해 내기는 어렵지만 이것으로 칠해 놓으면 방충과 방수, 그리고 견고함에 있어서 아주 큰 효과를 발휘한다. 그래서 목불이나 석불보다도 훨씬 오래 보존될 수 있다. 다만 칠하는 과정이 매우 복잡하고 까다로운데, 적어도 네 번에서 아홉 번은 칠해야 어느 정도 효과가 있다.

그렇지만 이것도 최소한의 횟수에 불과하다. 네 번에서 아홉 번 칠해야 0.05㎜ 두께밖에 안 된다. 현재 남아 있는 건칠불의 경우 0.5~1㎝쯤인데, 이 정도의 두께를 내려면 수백 번 또는 수천 번을 칠해야 한다. 이런 까닭에 우리나라에는 건칠불이 아주 드물다. 하지만 건칠불의 가치는 앞서 말한 이유로 해서 다른 재료의 불상보다 효용성이 크다고 할 수 있다. 본체 틀은 나무·흙·종이 모두 가능한데, 칠을 다 한 다음에 틀을 빼낼 수도 있고 그냥 그대로 둘 수도 있다.

경기도 안성 석남사石南寺 영산전 16

건칠보살좌상(14세기, 국립중앙박물관)

안성 석남사 영산전 16나한상

나주 불회사 대웅전 건칠비로자나불좌상(보물 제1545호)

나한상은 조선시대 후기의 작품으로 흙으로 빚은 다음 종이를 바르고 칠하였고, 전라남도 강진 정수사淨水寺 대웅전의 삼존불 중 왼쪽의 여래좌상, 충청남도 예산 보덕사報德寺 여래좌상 등이 전형적 건칠불이다. 또 나주 심향사尋香寺 극락보전의 아미타불좌상(보물 제1544호)은 삼베 바탕 위에 건칠을 하였다.

그 밖에 경기도 안성의 청원사淸源寺 대웅전 본존좌상은 지불에 도금을 한 것인데 고려시대에 만든 것으로 알려져 지불 가운데는 가장 오래된 것으로 보인다. 그 다음으로 전라남도 무안 법천사法泉寺 목우암牧牛庵의 대웅전 석가불좌상 역시 지불로는 시대가 올라가는 조선시대 초기

나주 심향사 극락보전 건칠불좌상(고려, 보물 제1544호)

의 작품이다.

그리고 전라남도 완도 신흥사新興寺 대웅전의 아미타여래좌상은 종이를 바탕으로 하여 마麻와 백회白灰를 섞어서 만든 1628년 작이고, 나주 불회사佛會寺 대웅전의 비로자나불상(보물 제1545호), 장성 백양사白羊寺 극락보전의 아미타불좌상 등도 조선시대 지불인데 건칠을 사용했을 가능성이 높다.

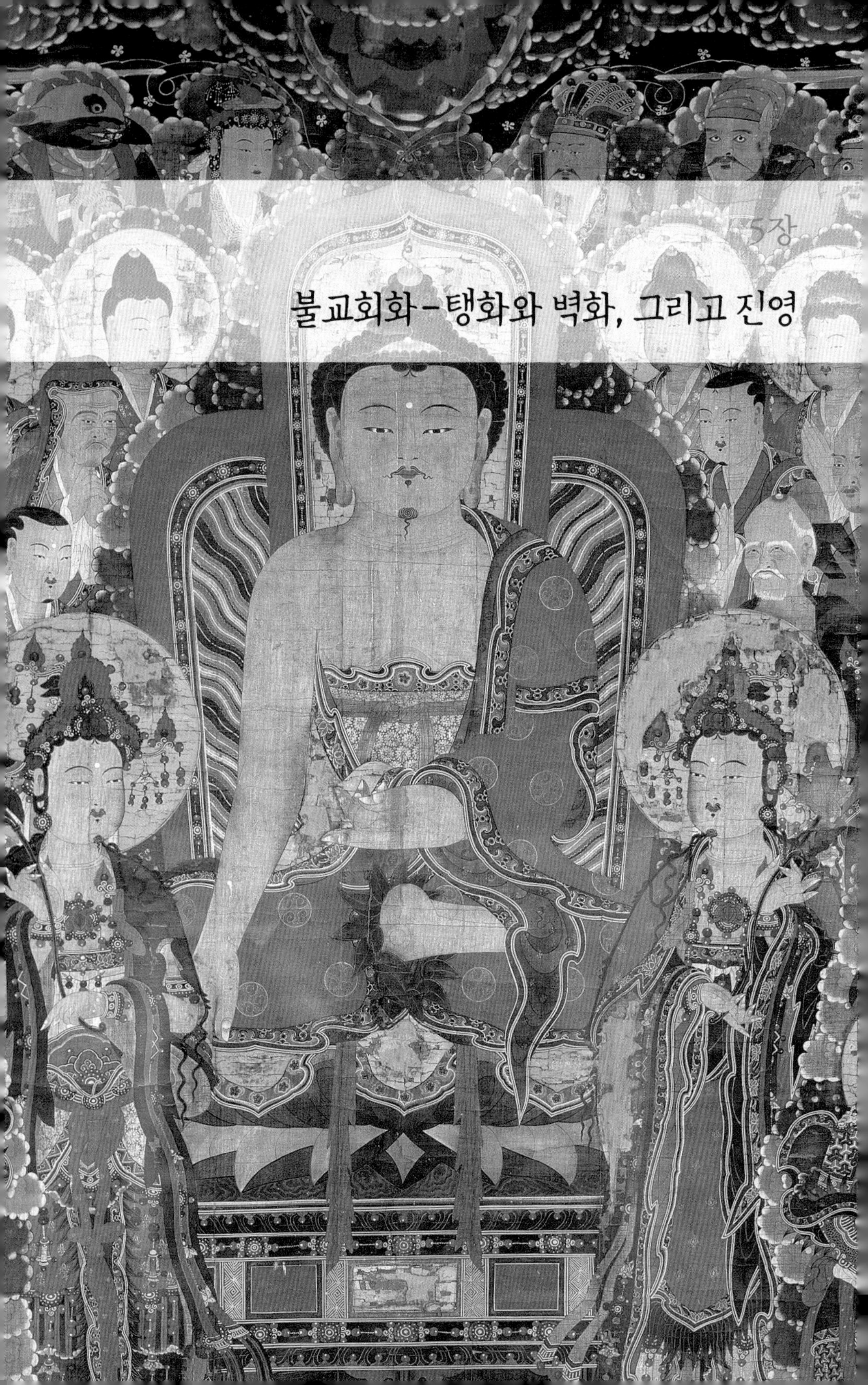

5장

불교회화-탱화와 벽화, 그리고 진영

탱화

불화佛畫는 비단 같은 견직물이나 종이 위에 부처님과 보살·신중 등을 그린 그림이다. 그림의 주제는 주로 불경에 있는 부처님의 설법 장면 등으로 보는 사람들로 하여금 감동을 일으키고 불교에 귀의토록 하려는 목적이 강하다.

불화는 화려하고 짙은 원색原色을 주로 사용하는데다 이런 원색이 여백도 전혀 없이 화면을 빽빽이 채워 채색되어 있기에 처음에는 조금 낯설게 보일 수도 있다. 여백과 공간이 풍부한 동양화나 원색과 간색을 충분히 섞어 다양한 색을 구사하는 서양화에 길들여진 시각으로 볼 때 어색하게 느껴지기도 하는 것이다. 하지만 불화의 상징성을 이해하고 본다면 이해가 훨씬 깊어질 수 있다.

불화는 사찰을 장엄莊嚴하고 불교의 교리를 쉽게 이해할 수 있도록 그림으로 보여주려는 목적을 지니고 있다. 따라서 화가의 영감을 표현하는 일반회화와는 그려지는 목적 자체가 다르다. 불화가 여백을 두지 않고 모든 공간을 그림이나 채색으로 채우는 것은 이 세상 모든 중생이 전부 극락왕생하기를 바라는 마음에서이니, 불화를 그려 전각을 장엄하는 일은 예술적 감흥보다는 구도 행위에 가깝다고 할 수 있다.

불화를 보는 방법은 어려운 경전의 내용을 그림으로 이해하기 쉽게 나타내려 한 상징성, 그리고 여러 등장인물들이 골고루 화면에 드러나도록 배치한 균형감 있는 구도 등을 눈여겨보면 좋다. 이러한 요소들이 잘 어울려 상승작용을 함으로써 그림을 보는 사람으로 하여금 종교성을 느끼게 할 수 있다.

전각에는 불상 뒤에 불화가 동시에 모셔지는 것이 일반적이다. 이런 그림을 탱화라고 하는데, 일반적으로 불상 뒤에 걸리는 후불탱화와 전각 안쪽 벽면에 걸리는 일반 탱화로 나눌 수 있다. 후불탱화는 전각의 주요 존상이 봉안된 뒷 벽에 내걸린 불화를 말하는데, 다음과 같이 다양한 종류가 있다.

영산회상도

석가부처님이 영축산靈鷲山에서 대중들에게 설법하는 장면을 표현한 그림을 영산회상도靈山會上圖라고 한다. 주로 석가여래를 봉안하는 대웅전을 비롯하여 영산전이나 대적광전의 후불탱이 된다. 특히 영산전은 영산회상도를 모시기 위해 지은 전각이라고 할 만하다.

그림의 구도는 석가여래를 화면 중앙에 배치하고 그 좌우에 문수·보현보살, 그리고 아미타불과 관음·대세지보살, 약사불과 일광·월광보살이 자리하는 것이 가장 일반적이다. 그 밖에 팔대보살·십대제자·범천·제석천·사천왕·팔부중·화불化佛 등을 그리는 경우도 있다. 조선시대 불화에는 이 같은 기본 구도가 충실히 지켜졌다.

영산회상도를 봉안하는 의미는 부처님에 의지하고, 부처님의 설법을 들으려 하는 마음에 있다. 그럼으로써 이 그림을 모시는 자리가 곧 영산회상이 되고, 이 그림을 참배하는 사람은 영산회상에서 석가부처님의 설법을 듣는 대중이 된다는 뜻을 지니고 있다.

조선시대 영산회상도는 아주 많이 남아 있는데, 그중에서도 몇몇 작품을 꼽아본다면 전라남도 순천 송광사를 비롯하여 충청북도 청주 보살사菩薩寺(보물 제1258호), 경상남도 하동 쌍계사雙磎寺, 전라남도 여수 흥국사興國寺(보물 제578호), 영국사寧國寺(보물 제1397호, 불교중앙박물관), 경상북도 영주 부석사浮石寺 등에 보관된 영산회상도 등이 있다.

主上三殿壽萬歲

◀ 영취사 영산회상도(1742년, 국립중앙박물관)

여수 흥국사 대웅전 후불탱 영산회상도(보물 제578호)

영국사 극락보전 후불탱 영산회상도(보물 제1397호, 불교중앙박물관)

극락회상도

아미타여래를 봉안하는 극락전의 후불탱으로는 극락회상도가 대표적이다. 서방정토에서 아미타여래가 설법하는 모습을 그린 것이 보통이지만 대웅전 후불탱처럼 영축산에서의 설법을 묘사한 것도 있다. 내

강진 무위사 아미타삼존벽화(국보 제313호)

용에 따라 아미타설법도阿彌陀說法圖·아미타내영도阿彌陀來迎圖·관경변상도觀經變相圖 등으로 분류된다.

아미타설법도는 아미타여래가 서방정토에서 무량無量한 설법을 하는 모습을 표현한 것으로 극락전이나 아미타전, 또는 무량수전에 걸린다. 아미타내영도는 착한 일과 염불을 많이 외운 중생을 아미타여래가 서

남양주 수종사 금동불감아미타회상도

강진 무위사 극락보전 아미타내영도

16관경변상도(일본 교토 지온인知恩院 소장)

방극락으로 맞이해 가는 것을 그린 그림이며, 관경변상도는 《관무량수경觀無量壽經》에 설해진 내용을 그린 것이다. 우리나라에서는 아미타설법도가 즐겨 그려졌다.

아미타설법도는 그려진 형식에 따라서 다음과 같이 분류할 수 있다.

① 아미타불만 단독으로 그려지는 경우
② 좌우 협시보살을 나타내는 아미타삼존불의 경우
③ 아미타불과 4보살 또는 8보살을 그리는 5존도·9존도의 경우
④ 아미타불과 8보살 말고도 수많은 청문중聽聞衆 등이 그려지는 복잡한 형식인 경우

아미타내영도는 누구나 염불만 일심으로 외우면 극락왕생 한다는 염불왕생 신앙의 영향으로 그려진 그림이다. 이 그림 역시 아미타불 단독으로 염불수행자를 맞이해 가는 비교적 단순한 구도도 있지만, 시대가 내려갈수록 화면 구성이 복잡해진다. 고려시대에 즐겨 그려졌으며, 조선시대 작품은 드물다.

대표작은 아미타설법도에 속하는 것으로 가장 오래된 전라남도 강진 무위사無爲寺 아미타삼존도를 비롯하여 대구광역시 동화사桐華寺 아미타극락회상도(보물 제1610호), 국립중앙박물관 소장의 경기도 남양주시 수종사水鍾寺 금동불감아미타회상도, 동국대학교 박물관 소장의 충청남도 청양 장곡사長谷寺 아미타극락회상도, 구례 천은사 아미타극락회상도(보물 제924호) 등이 있다.

아미타내영도로는 무위사 아미타내영도, 관경변상도로는 충청남도 서산 개심사開心寺, 일본 교토 지온인知恩院 소장의 16관경변상도가 유명하다. 또 화면을 아홉 폭으로 분할한 서울시 은평구 수국사, 경기도 고양시 흥국사의 극락구품도 역시 극락회상도의 일종이라고 할 수 있다.

서울시 은평구 수국사 아미타극락구품도

고양시 흥국사 극락구품도

비로자나불탱

비로자나불을 모시는 대광명전大光明殿·대적광전大寂光殿의 후불탱으로, 석가부처님이 《화엄경》을 설법하는 장면을 그린 것이다.

어느 사찰에서 대웅전이 금당일 경우에는 비로전毘盧殿이나 문수전文殊殿 또는 화엄전華嚴殿에 걸린다. 우리나라에는 비로자나불을 봉안한 전각이 많아서 비로자나불탱 역시 꽤 그려졌을 텐데, 지금은 그렇게 많이 전하지는 않는다.

서울 봉은사의 판전板殿 후불탱으로 비로자나불탱이 봉안되어 있다. 판전은 모든 부처의 본체가 비로자나불임을 설한 《화엄경》을 봉안한 전각이니 성격에 걸맞은 탱화가 장엄된 셈이다.

비로자나불도
(고려, 일본 후도인不動院 소장)

약사불탱

약사불이 봉안되는 약사전의 후불탱으로서 약사정토를 묘사한 그림이다. 그림의 구도는 비교적 간단하여 화면 중앙에 약사여래가 있고, 그 좌우에 일광日光·월광月光 보살이 있으며, 그 밖에 사천왕이 호법신중護法神衆으로 등장한다. 우리나라에서는 약사불탱 단독으로 걸리기보다는 삼불회도의 하나로 그려진 경우가 많다.

회암사명銘 약사여래삼존도
(보물 제2012호)

삼불회도

삼불회도三佛會圖란 석가부처님을 중심으로 그 좌우에 약사불과 아미타불을 봉안한 그림을 말한다.

조선시대 후기에는 석가모니 부처님을 본존인 대웅전에 약사불과 아미타불이 좌우에 함께 모셔지는 경우가 종종 나타난다. 후불탱 역시 불상과 똑같이 배치된 삼불회도를 걸게 마련이었다. 이에 따라 석가모니 부처님을 그린 영산회상도를 중앙에 놓고 그 좌우에 약사불탱과 극락회상도를 배치하는 것이다.

삼세불三世佛이라고 하면 과거 연등불燃燈佛, 현재 석가불, 미래 미륵불로 배치하는 것이 통례이지만 때로는 다른 몇 가지 형식을 혼용하기도 했다. 특히 조선시대 후기의 대웅전에는 보통 삼세불이 아닌 앞에서 말한 석가불·아미타불·약사불의 삼불 형식을 많이 썼다.

단독으로 모셔지는 대신에 삼불이 한 전각에 모두 봉안되는 이유는 석가불을 대웅전의 주존으로 모시면서 무병과 장수, 그리고 극락왕생을 기원하는 마음에서 약사불과 아미타불을 함께 봉안한 듯하다.

삼불회도는 한 폭에 부처님 세 분을 모두 그린 것과 각 부처님을 한 폭씩 그려서 하나로 이어놓은 두 종류가 있다. 규모가 큰 대웅전에는 대부분 삼불을 한 폭에 각각 그린 그림을 봉안하였다. 조선시대 후기에는 작은 대웅전에도 봉안할 수 있도록 한 화면에 삼불회도를 그리기도 해 화면이 조금 복잡해졌다. 이 경우의 구도를 살펴보면 다음과 같다.

그림 중앙에는 수미단으로 된 대좌 위에 석가모니 부처님이 앉아 있고 그 좌우로 보살들과 제자들 그리고 모든 분신불分身佛이 배치되어 있다. 이들 앞에는 사천왕이 있고 뒤에는 천룡天龍 등의 팔부중이나 호법신중들이 둘러싸고 있다. 기본 구도는 조선시대 후기에 보다 단순화한 경향도 있었지만, 대개의 조선시대 불화에는 이런 구도 원칙이 충실

상주 용흥사 삼불회괘불탱(보물 제1374호)

안성 칠장사 삼불회괘불탱(보물 제1256호)

하게 지켜진 것 같다.

그리고 세 폭으로 따로 그릴 경우에는 중앙에 영산회상도를 놓고 그 좌우에 약사불회도와 극락회도를 놓았다. 어느 경우에나 삼불회도의 배치구도는 영산회상도와 마찬가지로 여러 인물들이 등장하는 복잡한 군도群圖 형식을 많이 취하고 있다. 안성 칠장사 삼불회괘불탱(보물 제1256호), 상주 용흥사 삼불회괘불탱(보물 제1374호) 등이 대표 작품이다.

가평 현등사 삼성각 칠성탱

칠성탱

본래 중국 도교道教의 북두칠성에 대한 신앙이 불교에 융합되면서 나타난 그림이 칠성탱七星幀이다. 중국뿐만 아니라 인도에서도 고대에 북두칠성에 대한 신앙이 있었고, 이것이 불교에 들어온 것이라는 견해도 있다.

통도사 서운암 칠성탱

우리나라에서는 산신탱·독성탱과 더불어 일반 사람들이 친근하게 다가가 자신의 소원을 비는 대상이 되어 오늘날에는 거의 모든 사찰에서 볼 수 있다. 주로 칠성각에 봉안되며, 산신탱·독성탱과 함께 삼성각에 걸리기도 한다. 삼성각에서는 정면 중앙에 봉안되어 가장 중심 자리를 차지하고 있다.

칠성탱은 북두칠성이 여래화한 것이다. 따라서 칠성탱의 구도는 일곱 분의 여래가 등장하고 그 중심에 치성광여래熾盛光如來가 앉아 있는 그림이 가장 많다.

삼척 천은사 삼성각 산신탱

산신탱

토속신앙인 산신신앙이 불교에 융합되어 산신이 불화 또는 불상의 형식으로 만들어지게 되었다. 산신은 도교적인 요소가 짙으므로 산신탱 역시 칠성탱과 마찬가지로 불교와 도교가 결합한 불화라고 볼 수 있다.

주로 산신각에 봉안되고, 혹은 칠성각에 걸리기도 한다. 그림의 구도는 화면 중앙에 산신이 그의 화신 혹은 수호자인 호랑이를 안거나

양산 통도사 자장암 산신탱

호랑이의 몸 위에 팔을 기대는 형식이 가장 많으며, 산신 옆에 동자가 그려지기도 한다. 산신은 헐렁한 도포를 입었고 머리카락은 백발이며 손에 지팡이를 짚은 모습이 보통이다. 또 동자는 차를 끓이거나 과일을 담은 접시나 쟁반을 들고 있는 모습이 가장 흔하다. 그런데 이러한 동자의 모습이 간혹 독성탱에도 나오는 것은 바로 산신탱의 영향을 받았기 때문이다. 드물지만 산신을 여성화하여 여산신의 모습인 것도 있다. 원광대박물관 소장의 여산신도, 서울 평창동 보현산신각의 여산신도(서울시 민속문화재 3호, 1923년작) 등이 있다. 대부분 20세기 초반의 작품들이다.

주위 배경에는 높다란 산이나 나무들, 그리고 폭포 등이 그려지는데 산신탱은 이러한 산수화적 요소 때문에 동양화와의 연관성이 거론되기도 한다. 다시 말하면 불화 가운데 가장 동양화적 성향이 짙은 것이라고 할 수 있다.

동해 삼화사 삼성각 독성도

독성탱

독성탱獨聖幀이란 홀로 수련한 끝에 깨달음을 얻은 나반존자那畔尊者를 그린 그림이다. 그림의 구도는 아주 간단하여, 화면 중앙에 도포같이 헐렁한 옷을 입은 나반존자가 정면을 보고 앉아 있는 경우가 가장 많다. 나반존자는 머리를 깎은 모습이지만 승복과는 다른 편의복을 입고 있어 그가 재가신자임을 알려준다. 그리고 주변에 동자가 시중들고 있는 구도도 있는데, 이것은 산신탱의 영향을 받은 때문으로 보인다.

독성각에 걸리며 칠성탱·산신탱과 함께 삼성각에 봉안되기도 한다. 삼성각에 걸리는 경우는 항상 칠성탱이 중앙에 놓이고 그 좌우에 독성탱과 산신탱이 걸린다. 칠성탱의 왼쪽에 독성탱이 걸리는 경우가 많지만 그 반대의 경우도 적지 않다. 본래 우리나라에서는 왼쪽, 바라보는 사람 쪽에서는 오른쪽이 조금 더 상위上位라는 개념이 있는데, 불단에

양산 통도사 축서암 독성탱

봉안되는 불보살상도 그러한 개념으로 배치하게 된다. 하지만 삼성각에 봉안되는 독성탱과 산신탱의 경우는 반드시 칠성탱 왼쪽에 독성탱이 놓여야만 된다는 원칙은 없었다.

감로탱

불교도라면 누구나 자신과 가족, 그리고 조상들도 모두 극락왕생하기를 바란다. 그런데 사람이란 살아가면서 본의 아니게 크고 작은 죄를 짓기 마련이므로 늘 마음 한 구석에는 죽어서 지옥에 갈지 모른다는 두려움이 자리잡고 있다. 그래서 삶이 얼마 남지 않은 사람들은 그동안 지은 죄를 만회하려고 선한 마음을 먹고 선한 행동을 하고자 한다. 하지만 자신의 부모나 그 윗대의 조상들이 지은 죄는 어떻게 해볼 수 없다. 그분들이 지옥에 빠져 있다고 생각하면 도무지 마음이 편치 못하다. 자기는 부모와 조상들의 분신이라고 여기기 때문이다. 어떤 학자들은 감로탱을 '조상숭배 신앙이나 영혼숭배 신앙의 내용이 펼쳐진 그림'이라고 다소 거창하게 정의하는 것도 그 때문이다.

그런데 민속종교나 불교에는 비록 살아 있을 때 지은 죄라 하더라도 뉘우치고 그에 합당한 참회의식을 하면 없어질 수 있다는 믿음이 정립됨으로써 많은 사람들의 고민을 덜어주게 되었다. 참회의식은 《불설우란분경佛說于蘭盆經》을 근본경전으로 삼아 나온 우란분재于蘭盆齋를 말한다. 그리고 그러한 내용을 그림으로 나타낸 것이 바로 감로탱甘露幀이다.

본래 우란분재는 중국에서 매우 성행하던 의식으로 음력 7월 15일 백중날[百中, 혹은 우란분절]에 돌아가신 부모를 위하여 부처님과 스님께 음식을 공양하면 지옥에 떨어진 부모를 구제할 수 있다는 믿음에서 비롯되었다. 우리나라에 도입되자 고려와 조선시대를 막론하고 대단히 유행하였다. 그리고 조선시대 후기에 들어와서 우란분재 때 《우란분경》 또는 감로탱을 그려 모시는 일이 관례가 되었고, 자연히 많은 그림이 그려지게 되었다.

감로탱의 구도는 비교적 간단한 편이다. 주된 이야기는 아귀도餓鬼道

자수박물관 감로탱(국립중앙박물관 소장)

를 떠도는 죽은 영혼에게 감로왕이 '단이슬[甘露]'을 상징하는 음식물을 베풀어서 배고픔과 목마름을 달래주고, 마침내 극락에 왕생토록 하는 의식을 그림으로 표현하고 있다. 여기서 가장 중요한 주인공은 감로를 내려주는 감로왕이다. 그래서 감로탱을 일명 감로왕도라고도 부른다. 감로왕은 바로 서방정토의 주불인 아미타불을 말한다. 때문에 감로탱의 맨 윗부분에 아미타불을 비롯한 일곱 부처님이 그려지게 된다.

구도를 좀 더 자세히 살펴보면, 그림의 구성이 대체로 상단·중단·

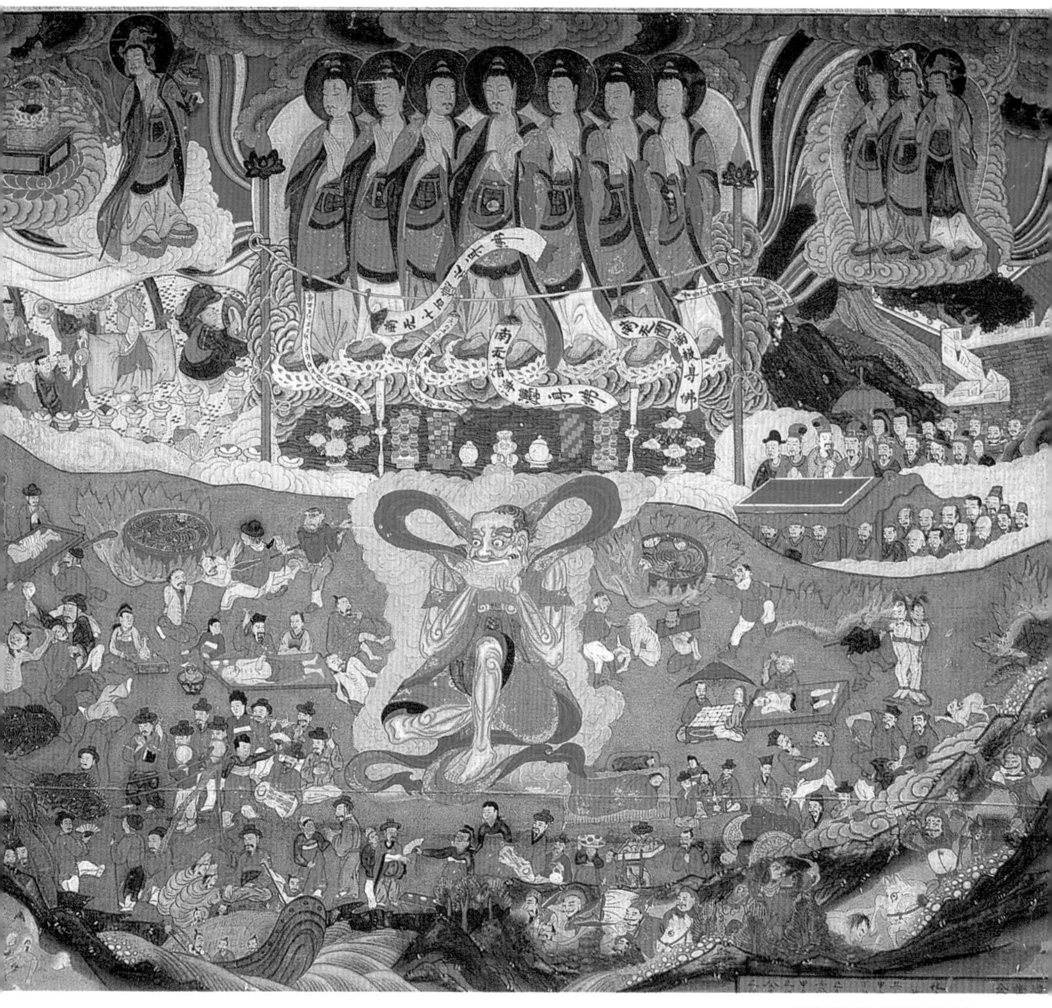

양산 통도사 사명암 감로탱

하단의 세 부분으로 나누어진다. 상단에는 극락에 있는 아미타불 일행이 지옥의 중생들을 구제하러 오는 장면이 그려져 있으며, 그림 오른쪽에는 지옥의 중생들을 인도하여 극락으로 데려가는 인로왕引露王 보살이 그려져 있다. 이 부분만을 특히 극락접인도極樂接引圖라고 한다.

중단에는 의령 수도사 감로탱처럼 중앙 정면에 음식을 성대하게 차리고 재를 올리는 성반盛飯 의식이 그려지는게 보통이지만, 경상남도 하동 쌍계사雙磎寺 감로탱처럼 성반 의식이 없는 감로도도 있다. 성반

경남 하동 쌍계사 감로탱(보물 제1696호)

의식을 화면 중단에 그린 것은 극락왕생의 공덕을 강조한 것이다.

하단에는 각종 지옥도가 표현되어 있고, 그 옆에 지옥문을 들어서는 중생들을 바라보고 서 있는 지장보살이 그려져 있다. 이 지옥 장면은 지옥·아귀·축생·아수라·인간·천상 등 이른바 육도六道를 압축하여 묘사한 것이다. 육도에서 고통 받는 중생의 모습을 강조하여 사람들에게 죄를 지면 가게 되는 지옥의 험악한 광경을 보여줌으로써 착한 마음을 갖도록 하는 효과가 있다.

때때로 지옥 장면 대신 죽은 사람들의 생전의 생활상이 묘사되기도 한다. 노름을 한다든지, 술을 많이 마신다든지, 부모에 불효한다든지, 싸운다든지 하는 등등의 악행이 주로 그려진다. 말할 것도 없이 이러한 나쁜 일 때문에 지옥에 가게 되니 조심하고 명심하라는 의미다. 어쨌든 불화에서는 보기 드문 현실생활에 대한 사실적 묘사로 인해 감로탱은 풍속화로서의 가치도 아울러 갖추고 있다.

지옥·아귀도에서 고통받는 중생은 아주 많다. 그 중에서 천도 받을 대상인 우리의 선망부모, 조상들이 아귀·지옥도에서 음식을 받아먹음으로써 안락함과 포만감을 얻고, 인로왕보살을 따라 반야용선을 타고 여러 불보살들의 외호 속에 아미타불께서 머물고 계신 서방 극락세계에 도달하기 위해서는, 백중에 공양을 준비하고, 또한 승려에게 공양함으로서 지옥·아귀도의 중생을 천도하는 우란분재를 행해야 한다는 것이 감로탱이 보여주고자 하는 의미이다.

시왕탱

지옥을 다스리는 열 명의 귀왕鬼王, 곧 시왕十王을 그린 그림을 시왕탱十王幀이라고 한다. 지옥세계를 심판하는 염라대왕은 염마왕閻魔王·염마라왕閻摩羅王이라고도 한다. 육도六道에서 떠도는 중생들이 죽으면 염라대왕 앞에서 자기가 지은 죄를 심판받고 그에 따른 벌을 받게 된다. 염라대왕에 대한 인식은 처음 중국에서 나타나 불교에 융합되어 시왕신앙으로 발전되었다고 본다.

그런데 인도에도 토속신앙 가운데 염마왕 신앙이 있었다. 이것이 일찌감치 불교를 지키는 호법선신護法善神의 하나로 편입되었다가 불교가 중국으로 전래되면서 도교의 시왕신앙과 결합해 독립된 신앙형태를 이루면서 시왕도가 그려지게 되었다고 보는 게 맞을 것 같다.

이 그림의 근거가 되는 경전은 《불설예수시왕생칠경佛說豫修十王生七經》이다. 이 책의 〈석문정통釋門正統〉에 시왕도는 당나라 장과張果가 처음 그리기 시작했다고 한다. 그 뒤 중앙아시아·한국·일본에서도 시왕신앙이 전파되면서 현재 그 유품이 적잖게 남아 있다. 영국인 스타인Sir Mark Aurel Stein(1862~1943)이 중국 돈황석굴 천불동에서 지장보살을 중심으로 시왕이 도열해 있는 벽화를 발견했는데, 이것이 아마도 가장 오

중국 돈황석굴 천불동 지장보살도(영국박물관 소장)

지장시왕도(국립중앙박물관 소장)

래된 시왕도일 것이다.

명부전 혹은 지장전에 봉안되는 시왕탱은 불단 중앙에 자리 잡은 지장보살 좌우로 앉아 있는 시왕상 뒤에 걸린다. 시왕상은 지장보살의 왼쪽에 홀수 서열(1·3·5·7·9)이, 그리고 오른쪽에 짝수서열(2·4·6·8·10)이 자리한다.

그림의 구도를 보면, 상단부는 각 대왕을 중심으로 시녀·신장·판관들이 둘러서 있으며, 하단부는 구름을 경계로 하여 지장보살을 비롯해 사자使者·귀졸鬼卒·판관 등이 그려져 있다. 10대왕은 관을 쓰고 붓과 홀笏을 들고 있으며, 대왕 앞에 각각 책상이 놓여 있고 그 위에 필기도구가 마련되어 있으며, 인간의 수명과 길흉화복이 적힌 장부가 있다. 이 가운데 전륜대왕轉輪大王만은 투구와 갑옷을 입은 무인武人의 모습이다.

조선시대의 시왕탱은 수를 헤아릴 수 없을 정도로 많이 전한다. 그 중에서도 경기도 여주 신륵사神勒寺, 인천광역시 강화 전등사傳燈寺, 경상남도 양산 통도사通度寺

대구 서봉사 목조 지장보살좌상

강화 전등사 명부전 시왕상과 시왕탱

명부전의 시왕탱이 특히 유명하다. 이 중 전등사에는 목조 지장보살상과 시왕상, 시왕탱 등 지장보살 관련 불상 및 불화가 온전히 갖추어져 있다. 특히 1636년에 일시에 조성된 것이라서 당시 지장신앙과 불교미술의 관계를 이해하는 데 도움을 준다.

괘불

법당 밖에서 불교의식을 거행할 때 걸어 놓는 그림을 괘불掛佛이라 한다. 부처님 오신 날 같은 불교 명절에는 커다란 규모의 법회가 절에서 열린다. 자연히 사람들도 평소보다 훨씬 많이 절을 찾게 되므로 법당에서 법회를 열기에는 공간이 비좁을 수밖에 없다. 이럴 때 앞마당에서 괘불지주에 괘불을 내걸고 야외집회를 한다. 따라서 크기도 보통 탱화와는 비교되지 않을 정도로 커서 10m가 훨씬 넘는 작품도 많다.

우리나라에서 괘불이 언제 처음 만들어졌는지 정확한 기록이 없으나, 《삼국유사》 권2 〈기이紀異〉의 〈문무왕법민文武王法敏〉조에 신라의 명랑明朗 법사가 수놓은 비단을 뜻하는 채백彩帛을 걸고 신법神法으로 당나라 군대를 물리쳤다는 기록이 있다. 야외에서 행사를 열었다는 것으로 보아 이 '채백'이 바로 괘불을 의미하는 것으로 볼 수 있다.

괘불은 일반 탱화와 마찬가지로 비단이나 삼베 또는 마 같은 섬유로 만들기 때문에 아주 오래된 것은 별로 남아 있지 않고, 대부분 조선시대 중·후기에 만든 작품들이다. 지금까지 남아 있는 것 중에서 가장 오래된 것은 1623년에 만든 나주 죽림사竹林寺 괘불이다.

괘불은 대부분 불상이나 보살상을 위주로 그리기 때문에 후불탱과 달리 구도가 매우 간결하다. 종류로는 석가 부처님이 영축산靈鷲山에서 《법화경》을 설법하는 장면인 영산회상도가 가장 많고 그 밖에 약사

청주 안심사 괘불(국보 제297호)

양산 통도사 관음보살 괘불탱(보물 제1351호)

영천 은해사 괘불탱(보물 제1270호)

영주 부석사 괘불탱
(보물 제1562호)

불·아미타불·미륵불·노사나불 등도 많이 그려졌다.

충청남도 부여 무량사無量寺 미륵 괘불탱(보물 제1265호), 전라남도 구례 화엄사華嚴寺 영산회상 괘불탱(국보 제301호), 충청북도 청주 보살사菩薩寺 영산회상 괘불탱(보물 제1258호), 경상북도 영주 부석사浮石寺 석가여래 괘불탱(보물 제1562호), 영천 은해사 괘불탱(보물 제1270호), 경상남도 양산 통도사 관음보살 괘불탱(보물 제1351호) 등이 유명하다.

변상도變相圖는 부처님의 일대기 또는 불교설화에 관한 여러 가지 내용을 그림으로 나타낸 것이다. 변상이란 '몸을 바꾸어 나투신 부처님의 모습'이라는 뜻으로 부처님의 본생, 혹은 정토 광경을 그린 것이다.

그런데 변상도의 종류가 다양해서 경우에 따라서는 그 뜻이 다소 혼동스러울 수도 있다. 예를 들어 석가부처님의 일생을 여덟 장면으로 압축하여 표현한 것을 팔상도八相圖라고 하는데, 하나로 고정된 장면이 아니라 세월의 흐름에 따라 변화되는 모습을 그린 것이므로 변상도의 하나라고 보면 된다.

변상도는 부처님의 전생을 묘사한 본생도와 일대기를 나타낸 불전도佛傳圖, 그리고 서방정토의 장엄도가 그 기본을 이루는 교훈적인 내용을 담은 것 등의 종류가 있다. 우리나라에서 변상도가 탱화로 그려지는 경우는 팔상도 외에 거의 없고 대부분 벽화나 경전의 속표지 그림으로 그려졌다. 탱화로 그려진 팔상도도 그 숫자가 많은 편이 아니다.

변상도는 인도에서 유래되었다. 석가모니가 열반한 뒤 산치Sanchi 탑이나 아잔타Ajanta 석굴 같은 곳에 불전 혹은 본생 등을 그리거나 새긴 것에서 비롯되었다. 중국에서는 《개원석교록開元釋教錄》에 당나라 때 오도현吳道玄이라는 유명한 화가가 대자은사大慈恩寺의 번경당飜經堂 벽에 변상도를 그렸다고 한다. 중국 둔황 석굴 막고굴莫高窟에는 다양한 변상도가 현재까지 잘 남아있다.

우리나라에서는 벽화나 탱화 외에 경전의 속표지로도 변상을 그렸다. 경전에 변상을 많이 그려 넣은 것은 어려운 경전 내용이나 심오한 교리를 한 폭의 그림에 압축하여 나타냄으로써 보는 사람으로 하여금 그 뜻을 이해하고 불심을 일으키게 하려는 데 있다. 변상도가 교화의 한 방편으로 활용되었음을 의미하는 것이다.

미륵하생경 변상도(일본 지온인 소장)

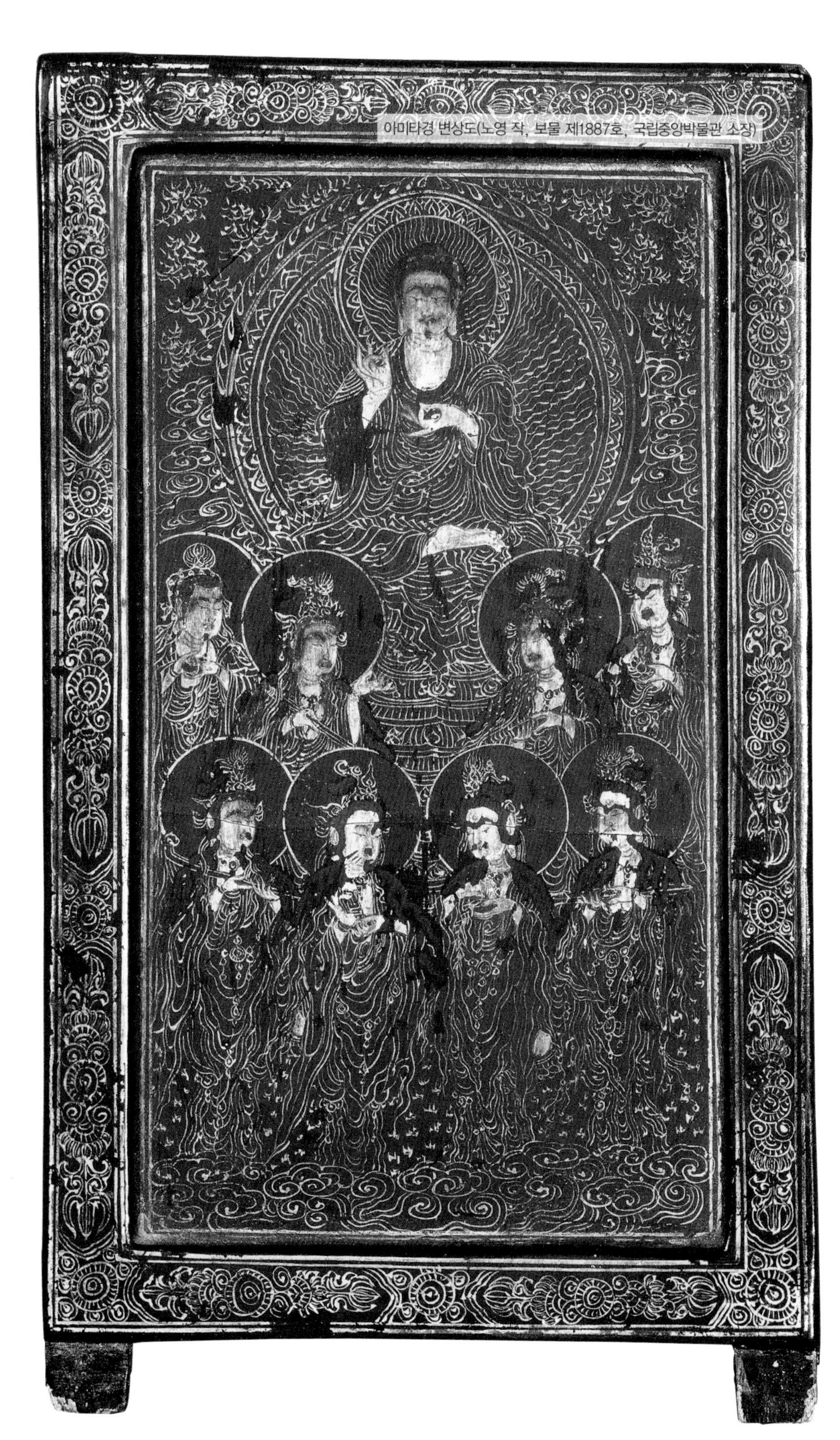

아미타경 변상도(노영 작, 보물 제1887호, 국립중앙박물관 소장)

〈신라백지묵서 대방광불화엄경변상도〉 추정 복원도

현재 남아 있는 것으로 가장 오래된 사경변상도는 754~755년에 그려진 〈신라백지묵서 대방광불화엄경변상도〉(국보 제196호)로 경기도 용인시 호암미술관에 소장되어 있다. 이 그림은 책머리에다 금색으로 그린 변상도로, 신장상·불보살·꽃·풀 등이 그려진 표지에 해당하는 그림이다. 본래 1장이던 그림이 2조각 났지만 신라시대의 유일한 회화자료로 중요한 가치가 있다.

그 외의 사경은 대부분 고려시대 이후 제작된 것들이다. 현재 국립중앙박물관에 있는 아미타경 변상도(1294년), 서울 호림박물관의 대방광불화엄경(국보 제215호) 등의 사경변상도가 대표적이다.

팔상도

팔상도八相圖란 석가 부처님의 태어나서 열반하기까지의 일생 가운데 가장 중요한 부분을 여덟 장면의 화폭에 담아낸 그림을 말한다.

첫 번째 도솔내의상은 석가모니가 사람의 몸을 갖춰 탄생하기 위하여 도솔천을 떠나 흰 코끼리를 타고 북인도의 가비라 왕궁을 향하고 있는 광경이다.

두 번째 비람강생상은 어머니 마야 부인이 산달을 맞아 친정으로 가는 도중에 룸비니동산에서 석가모니를 낳는 광경이다.

세 번째 사문유관상은 왕자로 태어난 석가모니가 도성의 성문에 나가 노닐다가, 노인과 아픔을 호소하는 병자와 죽어 실려 나가는 시체를 동·서·남문에서 각각 본다. 한편 북문에서는 출가한 사문(승려)을 만나 인생을 구원하는 유일한 방법이 수도에 있음을 알고서 출가를 결심하는 광경이다.

네 번째 유성출가상은 스물아홉 살 나던 해에 사랑하는 처자를 뒤로 하고 왕위를 계승할 태자의 자리도 박차고서 성을 떠나 출가하는 광경이다.

다섯 번째 설산수도상은 6년 동안 갖은 고행을 겪으며 여러 방면의 수행자들을 찾아다니다가, 결국 깨달음을 줄 스승은 다른 데 있지 않고 자기 안에 있음을 알아차리고 붓다가야의 보리수 아래에서 선정에 드는 광경이다.

여섯 번째 수하항마상은 선정에 든 뒤 용맹정진하여 마군들에게서 항복을 받고 드디어 커다란 깨달음을 얻는 광경이다.

일곱 번째 녹야전법륜상은 깨달음을 얻어 부처가 된 뒤 녹야원에서 다섯 명의 수행자에게 설법하여 그들을 귀의케 하는 광경이다.

여덟 번째 쌍림열반상은 수많은 사람들에게 설법을 한 후에 '제행무

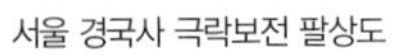

서울 경국사 극락보전 팔상도

통도사 영산전 팔상탱 중 비람강생상毘藍降生相

상이니 부디 정진을 늦추지 말라諸行無常 不放逸精進'는 당부를 마지막으로 남기고 사라쌍수沙羅雙樹 아래에서 열반에 드는 광경이다.

우리나라의 팔상도는 팔상전이나 영산전 내부에 불단을 조성하지 않고 단지 벽에 팔상도를 봉안하는 것이 보통이다.

벽화

벽화의 의미와 기능

사찰의 전각은 예로부터 목조건물의 목재 겉면과 가구架構 사이 벽면의 여백을 그림으로 가득 채우곤 한다. 이 같은 벽화壁畫를 그리는 데는 단순히 벽의 여백을 채운다는 의미가 아니라 몇 가지 깊은 뜻이 있다. 우선 전각을 하나의 불국토로 보는 시각이다.

법당은 불상으로써 표현되는 부처님과 여러 보살들이 머무는 불국토를 상징하는 곳이고, 우리가 그곳에 들어가 부처님을 참례하는 장소라 여겼다. 따라서 전각 내부는 부처님이 계시는 극락세계나 영축산 혹은 수미산의 불국토처럼 꾸미는 게 당연한 일이었다. 그러므로 화려한 채색과 그림으로써 불국토를 장엄하려 한 것인데, 건물 외부보다는 내부가 더 화려하게 치장된 것도 그런 까닭이다.

벽화가 그려지는 또 하나의 이유는 알림과 가르침에 있다. 부처님의 말씀이나 일생은 경전에 기록되어 있지만 한문이라 대다수 사람들이 모두 읽고 이해하기는 어려웠다. 그래서 그림을 그려 경전 내용을 풀어 해설함으로써 사람들로 하여금 배우고 따르게 했던 것이다. 이 같은 내용은 주로 외벽에 그려졌는데, 예컨대 팔상도 등이 이에 해당한다.

▶
순천 송광사
승보전 심우도

尋牛
見跡
見牛
得牛
騎牛歸家
忘牛存人
人牛俱忘
返本還源

牧牛
入鄽垂手

그리고 한 사찰에 예로부터 전해 내려오는 설화라든가 고승들의 수도에 대한 일화 등도 이 벽화를 통해서 알려줌으로써 경전의 내용을 대신하기도 했다. 이런 것은 모두 벽화가 사람들에게 문자를 대신해 알림의 기능을 하고 있었다고 말할 수 있다.

뿐만 아니라 가르침, 곧 교화教化의 기능도 한다. 주로 외벽화에 이런 내용의 그림이 많이 그려지는데, 예를 들어 불교에서는 부모의 은혜를 강조하기 위하여《부모은중경》의 내용을 벽화의 소재로 삼은 경우도 많았다. 석가부처님께서 제자들과 다닐 때 들판에 버려진 백골을 보고서 어머니의 뼈라고 가리키는 것 등도 효를 강조한 내용이다. 그리고 자기의 본성을 찾아 노력하라는 의미를 담고 있는 심우도尋牛圖 역시 외벽화에 즐겨 그려지는 소재였다.

경전에 보이는 벽화의 기원

위에서 말한 것은 벽화가 그려지는 실용적이고 실제적인 요소다. 그런데 벽화의 중요성을 말한 대목이 불교 경전에도 있다. 사찰건물에 벽화를 그리는 정당성을 보태주어 공력과 비용이 많이 들어갈 수밖에 없는 벽화 제작의 타당성과 동기를 부여했다고 볼 수 있다.

《근본설일체유부비나야잡사根本說一切有部毘那耶雜事》에 석가모니가 기원정사祇園精舍에 벽화를 그리는 일에 대하여 급고독장자給孤獨長者와 나누었던 말이 나와 있다. 거기에 따르면 급고독장자가 기원정사를 보시한 후 벽화를 장식하고 싶어 석가모니에게 여쭈니, 다음과 같이 대답하였다.

문의 양쪽에는 마땅히 집장야차執杖藥叉를, 그 옆의 한 면에는 대신통변大

神通變을 그리고 다른 한 면에는 오취생사五趣生死의 수레바퀴를, 처마 아래에는 본생사本生事를, 강당에는 늙은 비구가 법요法要를 선양하는 모습을, 식당에는 음식 든 야차를, 창고 문에는 보배를 지닌 야차를, 안수당安水堂에는 물병을 가진 용이 묘한 영락을 붙인 그림을, 욕실과 화실에 천사경天使經의 법식에 의한 그림과 약간의 지옥변상地獄變相을, 첨병당瞻病堂에는 여래가 몸소 병을 간호하는 상을, 대소행처大小行處에는 시체의 모습을, 방안에는 흰 뼈와 해골을 그려야 한다.

기원정사는 급고독장자가 석가부처님에게 바친 역사상 최초의 절이다. 이때부터 이미 벽화를 그리는 의미와 공덕 그리고 무엇을 어떻게 그려야 좋다는 부처님의 말씀을 따른 것이니 후대의 사찰이야 말할 필요도 없다.

우리나라에는 고려시대 후기 이후의 전각만 남아 있으므로 그 이전에는 어떠했는지 알 수 없으나 적어도 지금 전하는 전각의 벽화와 비교해 볼 수는 있다. 예를 들어 여러 종류의 야차는 지금의 신장상이라 볼 수 있는데, 우리의 사찰벽화에는 빈번하게 등장하지 않는다. 그렇지만 용龍이라든지 또 앞에서 말한 바와 같이 부처님이 제자들과 함께 유행遊行하면서 본 백골을 아이를 낳은 여인의 뼈라고 말한 장면 등은 요즘도 흔히 볼 수 있는 화면이다.

고승들의 얼굴-진영

미술의 발달 과정을 화제畵題로 살펴보면, 먼저 자연을 그렸고 다음에 신의 모습을 화폭에 담았다. 사람들의 얼굴이 화면의 중심에 선 것은 맨 나중이었다. 하지만 인간이 스스로의 모습에 관심을 갖게 되었다는 것은 곧 '인간'에 대한 관심과 탐구를 본격적으로 시작했음을 의미한다. 이로써 철학, 심리학, 문학 등은 비약적으로 발전하게 되었다. 이런 영향 아래 적어도 약 2,500년 전부터는 명사들의 얼굴 그리는 일이 유행했던 것 같다.

기원전 5세기 그리스의 대철학자 소크라테스가 "너 자신을 알라." 한 것이 바로 그런 사조를 대변한다. 물론 소크라테스가 말한 '너 자신'이란 본성이고 마음이다. 그런데 사실 정신과 육체는 별개가 아니므로 자연스레 몸, 그 중에서도 심성이 가장 잘 드러나는 얼굴에 주목하게 되었다. 그의 제자(플라톤)의 제자인 아리스토텔레스가 의성醫聖 히포크라테스의 초상화를 보고 그의 성격이나 됨됨이를 이리저리 품평한 것도 당시 얼굴에 대한 관심이 높았음을 말해준다. 이후 르네상스와 근현대에 이르기까지 초상화는 미술 장르의 하나로 굳게 자리 잡았다.

사실 초상화는 서구 문화나 미술만의 전유물이 아니었다. 우리나라도 작품이 남아있지 않을 뿐이지 삼국시대 이래 초상화 제작에 대한 기록은 숱하게 많이 전한다. 고려시대 시문·기문 중에는 초상화나 화면 안에 써 넣는 찬문 등에 관한 내용이 아주 많다. 조선시대부터는 작품도 전하는데, 조선시대 그림 하면 산수화, 풍속화를 먼저 떠올리겠지만, 그에 못잖게 초상화 역시 많이 그려졌다. 화가들의 자화상도 다수 남아 있고 문인 사대부들의 초상화는 상당수 전한다. 자신을 낮추는

안향 초상화(국보 제111호)

겸손이 커다란 덕목이었던 사회에서도 얼굴에서만큼은 나름 자부심을 표현하고 싶었던 것 같다.

초상화 중에서도 스님을 주인공으로 한 것을 진영眞影이라 부른다. 9세기 신라의 최치원은 초상화를 '眞' 또는 '影'이라 따로 표기했고, 고려시대 대각국사 의천義天은 '진영'이라는 말을 처음으로 썼다. '초상화'가 사람의 얼굴을 그대로 닮게 그린 그림이라는 뜻인 데 비해 '진영'이라는 말에는 내면의 참된 모습을 들여다본다는 의미가 느껴진다.

초상화로서 가장 오래된 작품은 고려의 대학자 안향安珦, 춘천 청평사 〈문수사정경비〉를 쓴 이제현李齊賢의 영정으로 둘 다 고려 후기에 그려졌다. 이에 비해 스님을 그린 진영은 대략 18세기 초 이후의 작품만 전하지만, 오랜 옛날부터 진영이 제작되어왔을 것으로 생각하는 게 맞을 것 같다. 불가에 '사자상승師資相承'의 전통이 있어서 그에 따라 스승의 진영을 모시는 게 당연한 일로 여겨졌을 것이기 때문이다. 다만 전란 등 여러 가지 이유로 지금까지 전하지 못하는 경우가 많은 건 아쉽다.

현재 진영이 가장 많이 전하는 곳으로 직지사, 선암사, 통도사, 화엄사, 해인사, 선운사, 운문사, 범어사 등을 꼽을 수 있고 그 밖에도 많은 사찰에서 진영을 볼 수 있다. 진영은 보통 '조사당(각)', '(진)영각' 등의 전용 건물에 놓이는데 혹은 나한전 같이 부처님의 제자를 봉안하는 건물에 걸리기도 한다.

이제현 초상화(국보 제110호)

진영에서 가장 중심된 부분은 당연히 화면 중심에 그려진 주인공의 모습이다. 그 모습을 보면서 주인공의 얼굴은 물론, 의자와 책상 그리고 그가 들고 있는 지물들을 한데 볼 때 진영 감상의 재미와 맛이 한결 더해진다. 이들은 모두 주인공의 사상과 주요 행적을 상징하기 때문이다.

또 그림 맨 위 혹은 화면 양쪽 가장자리 중 한 곳에 배치하는 제명題名, 화면 속 공간에 적혀 있는 찬문讚文까지 눈길을 돌리면 더욱 좋다. 제명이란 그림의 제목이자 주인공의 이름이므로 어떻게 보면 가장 먼저 눈길을 주어야 할 곳이기도 하다. 그리고 찬문은 주인공 일생이나 사상 및 철학 등에 관한 아주 핵심적 묘사인데 대체로 시 형태를 띠고 있다. 찬문은 사실 그 자체로 하나의 훌륭한 문학작품인 경우도 많아서 주인공의 정신세계가 고스란히 드러나 보이기도 하는데 이것이 바

사명대사 유정 진영(밀양 표충사)

로 진영의 미덕이자 매력이라고 할 수 있다.

진영은 어느 특정 시대 그 절에 머물렀던 고승의 얼굴이지만, 시대나 지역을 초월해 늘 가까이 모시고픈 선사先師는 있기 마련이다.

우리나라에서 가장 많이 그려졌던 고승으로는 단연 임진왜란의 영웅 사명泗溟대사 송운 유정松雲惟政을 꼽게 된다. 또 형식으로 본다면 '삼화

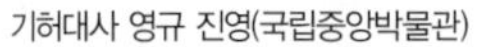
기허대사 영규 진영(국립중앙박물관)

서산대사 청허 휴정 진영(국립중앙박물관)

상도三和尙圖'가 꽤 많다. 글자 그대로 세 명의 스님을 한 화폭 안에 나란히 담은 형식인데, 대체로 사제師弟 관계나 비슷한 시대에 살며 도반道伴이었던 고승들을 배치한다.

사명대사·서산대사 청허 휴정淸虛休靜·기허 영규騎虛靈圭, 고려 말 조선 초에 걸쳐 활동한 지공·나옹·무학, 원효·의상·진표, 순응·이정·희랑 스님을 그린 삼화상도 등이 대표적이다.

그 외에 개별 인물로 본다면 도선道詵국사가 가장 많은 편이고 또 영

여주 신륵사 무학대사 진영

여주 신륵사 나옹화상 진영

파 성규影波聖奎, 화담 경화華潭敬和 스님의 진영도 여러 점 전한다.

초상화를 보는 묘미 중 하나가 몇 백 년 전 우리 조상의 얼굴을 오늘에 직접 마주한다는 기쁨이다. 세심한 붓놀림의 색과 선으로 표현된 그림 속 얼굴은 어쩌면 실제 마주했을 때보다 더 감동적일 수 있다. 실물과 그야말로 똑같은 증명사진을 볼 때와는 또 다른 멋이 느껴진다.

초상화는 실제 인물과 흡사하게 그리려는 게 기본이지만, 고귀하고 훌륭한 정신도 함께 나타내려 했다는 게 사진과 다른 점이다. 사실 한

화담 경화스님 진영(김천 직지사)

도선국사 진영(순천 선암사, 보물 제1506호)

사람의 정신은 고사하고 겉모습만이라도 흡사하게 그려낸다는 것은 보통 힘든 일이 아닐 것이다. 그래서 초상화가 발달한 서양에서조차 "초상화는 어떻게 그려야 잘 그리는 것인가?"가 최대 난제였다.

예컨대 르네상스시대 최고의 인문학자로 꼽는 에라스무스Erasmus조차도 초상화는 결국 '진짜를 그린 가짜'인데 이를 어떻게 이해해야 할지 모르겠다고 푸념했다(《키케로 풍의 대화 *Dialogus Ciceronianus*》, 1528년). 그 뒤로 이 문제를 속 시원히 푼 사람이 있었다고 듣지 못했다.

영파 성규 스님 진영(은해사 소장)

그런데 우리 고승 진영 중에 그 해답으로 삼을 만한 글이 있다. 18세기의 고승 영파 성규 스님은 자신의 진영(은해사 소장) 옆에다가, "네가 참인가, 아니면 내가 참인가? 이 둘이 본래 다른 게 아닌데 참과 거짓은 왜 찾겠단 말인가?"라고 적어 넣었다. 참으로 선어禪語로써 초상화의 핵심을 콕 짚은 것 같다. 이 글만 읽어도 우리 진영의 멋이 더욱 깊어지는 듯싶다.

6장

석탑, 불교건축의 백미

불사리에 대한 무한한 존경, 탑

탑은 불사리佛舍利를 봉안하기 위해 지은 건축이다. 인도에서 '부처님의 사리를 모신 곳'이라는 스투파stupa라는 말이 중국에 알려질 때 '탑塔'이라는 한자어로 소개된 것이다. 불사리는 곧 부처님의 몸이므로 존귀하게 여겨졌고, 이를 봉안한 탑 역시 자연스레 경배의 대상이 되었다. 탑은 불사리, 곧 진신사리를 위한 것이고, 스님의 사리를 갖추었으면 부도浮屠 또는 승탑이라고 구별해서 부른다.

2,500년 전 인도의 스투파는 위가 둥글고 아래가 넓은 반구형半球形이었다가 500년 뒤 중국에 전해지며 차츰 바뀌었고, 지금처럼 여러 층의 기와지붕을 한 가옥 모습이 되었다. 인도의 스투파는 부처님의 사리를 담기 위한 공간이었지만, 중국에서 탑은 사리를 관리하고 예불도 올릴 수 있는 건축으로 변화되었다. 탑의 의미와 용도가 재해석된 셈이다.

탑과 불사리

절 앞마당에는 높다란 탑이 들어서 있곤 한다. 탑은 법당 앞쪽 마당 한가운데에 자리 잡고 있음으로써 신앙 면에서 덜 중요한 다른 공간으로 시선이 흐트러지지 않도록 해준다. 그래서 누각을 지나 경내로 들어선 사람은 전각에 들어가기 전에 먼저 석탑에 절을 하기 마련이다.

불사리는 불신과 마찬가지이며, 탑에 대한 참배는 바로 부처님에 대한 공경이나 다름없다. 탑이 절마다 있는 것도 바로 그 때문이다. 탑에 반드시 진신사리만을 넣는 것은 아니다. 진흙으로 만든 작은 탑이나 불경을 넣기도 한다. 불경은 곧 부처님의 말씀이므로 사리와 똑같이 소중하기 때문이다. 이러한 것을 법신사리라고 한다.

정선 정암사 수마노탑(국보 제332호)

우리나라의 탑

우리나라의 탑은 처음엔 목재로 지은 목탑이나 흙을 빚어 만든 벽돌로 쌓은 전탑이 대부분이었다. 실물은 전하지 않지만 우리나라에서 가장 오래된 절터인 4세기의 평양 청암리 유적에서도 목탑의 터가 발견되었다.

그러다가 7세기쯤부터는 돌을 사용해 세우는 방식이 고안되어 석탑이 처음 나타났다. 사실 우리나라는 화강암 등 양질의 석재가 풍부해 석탑을 만들기에 최적의 자연환경을 갖추고 있다. 벌목보다 채석이 더 어렵기는 해도 석탑은 목탑이나 전탑에 비해 단단하고 튼튼해 수백 수천 년을 버텨내는 장점이 있다. 제작 방식도 설계 도면에 맞춰 석재들을 균질하게 잘라내어 조립하는 것이므로 이전과 달리 정밀화, 규격화가 가능해져 제작의 효율성이 훨씬 높아졌다. 이로써 탑은 불교의 전파와 사찰의 발전에 큰 기여를 하게 되었다. 목탑에서 석탑으로의 전환은 사실 해놓고 보면 쉬워도 막상 떠올리기 어려운 '콜럼부스의 달걀' 마냥 상식을 뒤집는 발상의 일대전환이었다.

석탑은 이처럼 장점이 많지만 목탑에 비해 질감이 딱딱하고 차갑게 느껴지는 단점도 있다. 그래서 석탑 발생 초기에는 겉모습에서 목탑 같은 느낌이 나도록 했다. 그 대표적인 예가 600년에 지어진 백제의 익산 미륵사지 서탑, 부여 정림사지 오층석탑이다. 재질은 엄연히 석탑이지만 외형은 목탑을 방불케 하는 형식으로 만들어 새로운 소재에 대한 거부감을 줄인 것이다.

신라 역시 경주 고선사 석탑, 감은사 석탑 등에 목탑의 영향이 짙게 남아 있어서 이런 사정은 삼국이 다 마찬가지였던 것 같다. 삼국 중 백제는 특히 석탑 제작의 최선진국이었다. 신라 황룡사 구층목탑을 만드는 데 큰 도움을 주었고, 또 일본에도 핵심 기술자와 기법을 전수해주

불국사 석가탑(국보 제21호)

불국사 다보탑(국보 제20호)

경주 고선사 삼층석탑(국보 제38호, 국립경주박물관)

었다는 기록이 있다.

통일신라 이후에는 불국사의 석가탑, 다보탑처럼 석탑만의 특징을 최대한 발휘한 걸작들이 속속 등장했다. 이후 고려에 이르기까지 이런 아름다운 석탑들이 온 국토를 장식하면서 우리나라는 '석탑의 나라'라고 불러도 될 만큼 뛰어난 석탑이 많이 나왔다.

석탑에 관한 의문 중 하나는 층수가 왜 3층, 5층, 7층, 9층 등 홀수로 되어 있는가 하는 것이다. 그것은 동양의 음양사상이 적용되었기 때문으로, 홀수는 양陽으로써 탑의 높고 존귀함을 상징한다는 풀이가 그럴듯한 대답으로 여겨진다. 하지만 남아 있는 석탑 중에 6층과 10층탑도 있어서 완벽한 설명은 못 된다. 앞으로 새로운 해석이 나올 여지가 충분히 있다.

탑은 멀리서도 잘 바라보이도록 높고 크게 만들므로 경상북도 경주 고선사 삼층석탑(현 국립경주박물관 소재)은 높이가 10m나 된다. 그런데 사람들에게 탑을 감상해보라고 하면 으레 바로 앞에서만 올려다보곤 만다. 부분을 자세히 아는 건 필요하지만 전체를 한눈에 살필 수도 있어야 작품이 비로소 올바르게 보이기 시작한다.

위에서 내려다보면 가장 좋겠지만 현실적으로 어려우니 되도록 뒤로 물러나 전체와 부분을 모두 가슴에 담아보려고 하는 게 올바른 감상법이다. 하기야 넓은 안목이 필요한 게 어찌 석탑뿐이겠는가, 불교미술은 어느 것이든 생각을 넓고 높다랗게 키운 채 보려는 생각이 중요하다. 그게 바로 부처님이 우리에게 바랐던 마음가짐이었을 테니까.

인도 산치대탑

탑의 발생

탑은 석가모니가 열반한 뒤 다비하고 나온 사리를 봉안하기 위한 장치로 인도에서 시작되었다. 산스크리트어로는 스투파Stūpa, 팔리어로는 투파Thūpa라고 한다. 이것을 한자로 바꾸면서 탑파塔婆라고 했는데, 나중에 줄여서 탑이라고 불렀다. 혹은 솔도파窣都婆라고도 했으나 탑이란 말이 더 많이 쓰였다. 파고다Pagoda라는 말도 역시 탑을 뜻하는데 주로 미얀마 지방에서 사용되었다.

처음 석가모니의 사리를 봉안할 당시 인도는 여러 나라들로 분열되어 있었는데, 각국이 서로 자국에다 모시려고 밀고 당기는 신경전을 벌이다 일촉즉발의 전쟁 직전까지 가는 험악한 상황이 일어나기도 했다.

결국 드로나Drona라는 한 바라문의 중재로 사리를 나누어 여덟 나라가 고루 가져가 각각의 나라에 탑을 세웠다. 이것이 이른바 사리팔분舍利八分이며, 탑파 건립의 시초가 된다.

그 뒤 기원전 3~2세기 무렵 아소카왕Aśoka(阿育王)이 나타나 최초로 인도대륙을 통일하였다. 그는 독실한 불교신자가 되었는데, 전국에 흩어져 있는 불사리탑 8개를 열어 불사리를 한데 모은 다음 그것을 다시 나누어 전국에 84,000개의 탑을 세웠다고 한다. 이것은 전설일 수도 있지만 이 무렵을 전후해서 인도에 탑이 본격적으로 많이 세워졌다는 것으로 이해할 수 있다. 또 불사리는 인도에만 분장分藏된 것이 아니라 중국과 우리나라, 그리고 일본에도 전래되어 중국에 불사리신앙이 일어나고 탑이 세워지는 계기도 되었다.

한국 탑의 생성과 발전

우리나라에 언제 처음 탑이 세워졌는지 확실히는 모른다. 다만 늦어도 처음 불교가 공인된 372년(고구려 소수림왕 2) 무렵에는 탑이 세워졌을 것이다. 하지만 그 이전에도 불교가 전래해 있었다는 정황이 보이므로 탑 역시 훨씬 이전부터 세워졌을 가능성이 높다. 《삼국유사》에 따르면, 경상남도 김해에 있는 파사婆娑석탑은 42년에 인도로부터 전래되어 온 석탑이라고 한다.

그러나 현재 전하는 탑으로 6세기 이전의 것은 없다, 탑지塔址는 고구려 영토인 평양의 절터에서 5세기로 추정되는 팔각탑지가 발견된 것이 있는 정도다. 그런데 이 탑지는 목탑지로 추정되므로, 목탑이 탑의 주요 재질이었을 것으로 생각된다. 하지만 삼국시대의 탑으로 고구려

익산 백제 미륵사지 석탑(국보 제11호, 2019년 복원)

의 옛 영토에서 전하는 것은 현재 1기도 없기 때문에 불교를 가장 먼저 받아들인 고구려 탑의 정황을 자세히 알지 못해 아쉽다.

현재 전하는 탑 가운데 가장 오랜 것은 백제의 탑인 전라북도 익산 미륵사지彌勒寺址 석탑(국보 제11호), 충청남도 부여 정림사지定林寺址 오층 석탑(국보 제9호)이다. 둘 다 600년 무렵에 세워진 것으로 보고 있다. 그런데 이 탑들은 모두 화강암으로 세운 석탑이면서 세부 형식이 목탑처럼 구성된 것이 가장 큰 특징이다.

그래서 탑의 재질은 목탑 또는 전탑에서 석탑으로 발전하였고, 7세기 초반부터 완성된 형태의 석탑이 나타났던 것으로 보인다. 우리는 흔히 탑이라고 하면 석탑을 떠올리는데, 7세기 이후로는 주로 석탑을 만들었고, 현존하는 탑도 대개 석탑이기 때문에 그렇게 연상된다고 볼 수 있다.

신라에서도 대략 7세기 초반부터 석탑이 만들어졌을 것으로 여겨진다. 다만 《삼국유사》에 기록된 황룡사皇龍寺 구층탑은 목탑인데 높이 70m가 넘는 거대한 탑이었으니, 당시 신라의 목조건축 기술을 충분히 짐작하고도 남는다.

그런데 황룡사 목탑은 백제의 장인匠人 아비지阿非知를 초청하여 만들었다고 하므로 백제의 건탑 기술력이 보다 뛰어난 것으로 생각하기도 한다. 하지만 탑이란 고도의 건축공학 수준과 기술력을 요구하는 것이므로 우수한 장인 한 사람의 힘만으로 완성될 수 있는 것은 아닐 것이다. 말하자면 소프트웨어인 설계를 뒷받침할 수 있는 기술력, 곧 하드웨어가 갖추어져 있어야 가능한 일이다. 따라서 삼국이 모두 나름대로 훌륭한 건탑 기술을 지니고 있었다고 보아야 할 것 같다.

탑의 종류

탑을 재질별로 구분해 보면 목탑木塔, 전탑塼塔, 석탑石塔, 토탑, 유리탑, 청동탑, 금동탑 등 종류가 많다. 이 가운데 우리나라 사람들이 좋아했던 것은 목탑과 전탑 그리고 석탑 등이었다.

탑은 대규모 건축이므로 재료가 언제나 충당될 만큼 풍부해야 함은 물론이다. 그런 면에서 적어도 한·중·일의 동양 삼국 모두 목탑이 가장 먼저, 또 가장 많이 만들어졌을 것이다. 그러다가 흙을 구워 만든 벽돌로 탑을 쌓기도 하였고, 나중에는 석재로 탑을 세우기에 이르렀던 것으로 보인다. 석탑은 우리나라의 경우 7세기부터 나타나기 시작했고, 주로 자원이 풍부한 화강암 석탑이 성행하였다. 그래서 전국 도처에 지금까지 수백수천의 탑이 전하고 있어, 우리나라를 '석탑의 나라'라고 부르게 되었다.

중국과 일본도 자국의 자연환경에 맞는 재료를 써서 탑을 세웠다. 중국은 화강암 같은 단단한 재질의 석재가 많이 나는 곳이 아니라서 석탑이 발전하지 못했다. 대신에 질 좋은 흙이 도처에 널려 있어서 이 흙을 가지고 벽돌로 구워 탑을 쌓는 재료로 삼았다. 이것이 전탑인데, 벽돌을 사용한다면 아무래도 집처럼 크고 넓게 쌓기가 쉽다. 그래서 불사리를 봉안하는 탑 고유의 목적 외에도 그 안에 사람들이 들어가 수도하거나 살 수 있을 정도로 규모가 큰 탑도 상당수 전한다. 또 그 수효도 매우 많아서 전탑이 전국 도처에 있다. 그래서 중국을 '전탑의 나라'라고 한다.

반면에 일본은 나무로 지은 목탑을 발전시켰다. 전탑이나 석탑에 비해 상대적으로 세우기 쉽고, 또 아기자기하고 아름다운 조형성을 보이는 데 뛰어난 효과를 발휘했을 것이므로 일본인들의 취향과도 맞아떨어진 것이 아닌가 한다. 그래서 일본을 '목탑의 나라'라고 한다. 여기에는 무엇보다도 우리나라에 비해 대규모 전란이 적었기에 온전히 전할 수 있었던 점이 있었다. 또 국토 곳곳에 나무가 풍부하게 식생하고 있었던 환경적 요인과 열대성 기후로 인해 목재 생산량이 많았던 것도 일본을 목탑의 나라가 되게 하는 기본요건이 되었다.

석탑의 발전

우리나라 석탑의 시원은 백제 지역에 남아 있는 익산 미륵사지 석탑과 부여 정림사지 오층석탑(국보 제9호)이다. 이 두 탑은 각 부분의 양식에서 아직까지는 목탑의 잔영이 짙게 남아 있지만, 전체적으로 볼 때는 웅장함과 세밀한 구성 면에서 석탑으로서의 미의식이 충분히 반영된 명작이라고 할 만하다. 앞으로 등장하는 석탑의 전성시대를 예고하는 기념비적 작품이다.

정림사지 오층석탑은 탑의 각 부재가 마치 목재로 짜 맞춘 것과 같은 구성이 커다란 특징이다. 이 탑이 세워진 6세기 무렵까지만 해도 목탑의 영향이 많이 남아 있었다는 것을 반증한다. 비록 화강암이라는 새로운 재료로 탑을 만들었지만 그 전까지 만들어왔던 목탑의 분위기를 그대로 남기려는 의도가 남아 있었다.

미륵사지 석탑은 우리나라뿐만 아니라 동아시아에서도 손꼽는 거탑巨塔으로, 우리나라에 건립된 석탑 중에서 가장 오래되었고 또 가장 큰 탑이라는 영예를 안고 있다.

건립연대에 대해서는 7세기 초반의 작품으로 보는 것이 정설이다. 《삼국유사》에 백제 무왕이 아내 선화공주의 청으로 지명知命 스님의 힘

부여 정림사지 오층석탑(국보 제9호)

을 얻어 미륵사를 창건한 것으로 나와 있는데, 그 때 이 탑도 함께 창건한 것으로 보고 있기 때문이다. 창건 당시는 동쪽과 서쪽 그리고 그 중앙에 각각 탑을 세웠는데 지금 남아 있는 것은 그 중 서탑이다. 동탑은 기단부만 남아 있었던 것을 1990년에 서탑의 형태를 참고로 해서 복원하였고, 가운데에 있던 탑은 탑지만 발굴되었을 뿐이다.

서탑은 3면이 붕괴되고 오직 동쪽 면 일부만, 그것도 제6층의 일부까지만 남아 있었다. 그래서 이 탑이 본래 몇 층탑이었는가에 대한 논란이 있었다. 7층과 9층설이 있었는데, 9층으로 보는 견해가 좀 더 많다. 일제강점기에 무너진 세 면을 콘크리트로 발라놓아 외관에 커다란 흠집을 냈었는데 그나마 최근에 들어와 붕괴의 우려 등 안정성에 문제가 생겼다. 그래서 2005년부터 국립문화재연구소에 의하여 해체 복원 작업이 이루어져 2019년에 완성되었다. 현재는 9층으로 복원되어 창건 당시의 모습을 떠올려 볼 수 있다.

미륵사지 서탑 역시 정림사지 오층석탑과 마찬가지로 선행하던 목탑의 각부 양식을 나무가 아니라 돌로써 충실하게 표현했다는 특징을 지니고 있다. 말하자면 목탑의 석탑으로의 번안인 셈이다. 특히 초층 탑신 사방 네 면에 감실龕室을 둔 점은 경주 분황사 모전석탑과 비교되는 점으로 주목된다.

신라의 석탑은 수도 경주에 그 자취가 남아 있다. 삼국은 저마다 특징적 석탑을 발전시켰다가, 신라에 의해 통일되면서 서로의 장점이 하나로 합쳐진 통일신라 석탑의 양식이 나타났다.

다른 불교문화와 마찬가지로 탑에 있어서도 신라는 신라 고유의 웅건함을 밑바탕으로 하여 그 위에 미감이 풍부한 백제 탑의 양식을 받아들여 미학적으로 세련되고 건축공학적으로 완벽에 가까운 새로운 양식의 탑을 생산해냈다. 물론 백제 탑의 영향이 일찍이 삼국통일 이전에 전해지기도 했다. 앞에서 본 것처럼 황룡사 구층목탑을 세울 때 백

경주 분황사 모전석탑(국보 제30호)

제의 명장 아비지가 초빙되어 대역사大役事를 이끌었던 선례가 있었듯이 백제의 건축기술은 신라에 많은 도움을 주고 있었다. 따라서 7세기 후반부터 절정의 탑들이 갑자기 출현한 게 아니라 그전부터 있어왔던 양국 간 꾸준한 기술교류의 결과였다고 보아야 할 것이다.

통일 이전의 신라 탑으로서는 분황사 모전석탑(국보 제30호)과 의성 탑리 오층석탑(국보 제77호)이 대표적이다. 이들은 통일신라 석탑 이전의 신라만의 고유한 양식을 보이고 있어서 이른바 시원始源양식이라고 불린다.

통일 이후에는 고선사高仙寺 삼층석탑(국보 제38호)을 비롯하여 감은사感恩寺 동·서 삼층석탑 등의 명작이 잇달아 건립되었다. 그 뒤에 만개하는 석탑의 황금기를 시작하는 단초라고 할 만하다. 고선사 탑, 감은사 탑 등은 앞으로 나타나는 석탑의 한 전형을 이루었기 때문에 전형典形

의성 탑리 오층석탑(국보 제77호)

경주 감은사 동서 삼층석탑(국보 제112호)

경주 원원사지 동서 삼층석탑(보물 제1429호)

남원 실상사 백장암 삼층석탑(국보 제10호)

양식이라고 한다.

통일신라에서는 백제와 신라 두 갈래로 나뉘어졌던 석탑 양식이 하나로 종합되어 마침내 새로운 양식이 정립되었다. 각각 특색 있는 두 나라의 예술이 정치적으로 통합되자마자 서로 화합하고 순응하여 새로운 동력과 진로를 얻음으로써 마침내 한국 석탑으로서의 독자적인 전형 양식을 마련한 것이다. 그런 의미에서 고선사 탑과 감은사 탑을 통일의 기념탑이라고 부를 수도 있을 것이다.

석탑은 그 뒤 비약적인 발전을 거듭하

김제 금산사 청석탑(육각다층석탑, 보물 제27호)

구례 화엄사 사사자삼층석탑(국보 제35호)

평창 월정사 구층석탑(국보 제48호)

종로 원각사 십층석탑(국보 제2호)

여 세계에서도 유래가 드문 아름다운 석조 건축물들을 탄생시켰다. 경주 원원사지遠願寺址 동서 삼층석탑, 남원 실상사 백장암 삼층석탑, 구례 화엄사 동오층석탑(보물 제132호)과 사사자삼층석탑 등 하나같이 미학과 건축공학미를 다 함께 이룬 명작들이다. 그 중에서도 이제는 우리만의 국보가 아니라 세계의 보물로 인정받고 있는 석가탑(국보 제21호)과 다보탑(국보 제20호)이 우뚝 자리하고 있음은 물론이다.

통일신라의 조탑造塔 기술과 미감은 고려에 들어와서 더욱 다양한 양식의 작품으로 변화되었다. 평창 월정사 구층석탑, 김제 금산사 청석탑(육각다층석탑), 개성 경천사지敬天寺址 십층석탑(국보 제86호) 등 헤아릴 수 없이 많은 석탑들이 이 나라 온 땅을 불국토로 수놓았다. 조선시대에 들어서서는 숭유억불의 정책으로 급격한 퇴조를 겪지만, 그 와중에도 서울 종로의 원각사圓覺寺 십층석탑은 우리나라 석탑의 우수성이 면면히 이어진 명작이라고 할 수 있다.

목탑

우리나라에서는 7세기 이전까지 대부분 목탑을 세웠을 것으로 생각되지만, 전하는 목탑은 없다. 다만 고구려의 옛 영토인 평양의 청암리사지 등에서 6세기에 세운 것으로 추정되는 목탑지가 발굴되었고, 신라와 백제의 영토 내에서도 목탑지가 발견되고 있다. 보은 법주사 팔상전捌相殿(국보 제55호)은 정유재란 때 불탄 것을 1605년부터 1626년 사이에 복원한 목조건물로, 법당이지만 구조가 탑 형식으로 되어 있으므로 근대 이전 우리나라의 유일한 목탑이다.

보은 법주사 팔상전(국보 제55호)

전탑

우리나라에서 전탑은 7~9세기에 안동을 중심으로 한 경상북도 북부 지역에 집중적으로 세워졌다는 특징이 있다. 한 지역에 전탑이 집중된 현상은 상당히 흥미롭다. 정확히 설명하기는 어렵지만, 중국의 직간접적 영향 탓으로 보기도 한다. 중국으로부터의 이민자, 혹은 중국에서 유학하고 돌아온 학자들이 이 시기에 이곳에 집중적으로 모여 살았기 때문이 아닐까 추정하는 것이다.

그러나 《삼국유사》에 의하면, 신라의 선덕여왕(재위 632~647) 때 양지良志 스님이 경주 석장사錫杖寺에 전탑을 세웠다는 기록이 있으므로, 지금 전탑이 분포하는 것 이상으로 넓은 지역에서 생각보다 일찍 전탑을 세웠을 가능성도 충분하다. 또 《신증동국여지승람》에 고려에서도 전탑을 세웠다는 기록이 있으므로 현재 남아 있는 것과는 달리 전탑의 역사가 좀 더 길게 이어졌었다고 추측할 수 있다.

현재 안동 신세동 칠층전탑, 안동 동부동 오층전탑, 안동 조탑동 오층전탑(보물 제57호), 칠곡 송림사 오층전탑, 여주 신륵사 다층전탑이 거의 완전한 모습으로 남아 있고, 본래의 형태대로 전하지는 않지만 안동 금계동 다층전탑, 안동 장기동 전탑, 안동 개목사 전탑, 영양 심지동 전탑, 청도 불령사 전탑, 청도 운문사 전탑 등도 신라시대에 전탑이 유행했던 정황을 보여주고 있다.

전탑은 아니지만 전탑형식을 모방한 탑이 모전탑模塼塔이다. 모전탑은 흙 대신 화강암이나 안산암 같은 석재로 만들고 벽돌처럼 쌓은 것이다. 굳이 모전탑을 만들었던 것은 당시 사람들이 전탑을 필요로 했고 선망했었다는 사실을 말해준다. 경주 분황사 석탑이 대표적인 모전탑으로, 석재는 우리나라에서 흔치 않은 안산암을 사용했다.

안동 신세동 칠층전탑(국보 제16호)

안동 동부동 오층전탑(보물 제56호)

칠곡 송림사 오층전탑(보물 제189호)

여주 신륵사 다층전탑(보물 제226호)

7장

석조미술, 당당한 우아함의 세계

부도와 탑비, 구도자에 대한 회상

불탑佛塔이 불사리를 봉안하기 위한 것이라면, 부도浮圖는 열반한 스님을 다비하고 나온 사리를 모신 것이다. 그래서 승탑僧塔이라고도 한다.

큰 절에서는 대개 절에 올라가는 길 왼쪽이나 오른쪽에 별도의 공간을 조성해서 부도밭을 마련한다. 부도는 일괄조성 되는 것이 아니라 그 절의 덕망 높은 스님이 열반함에 따라 하나하나 만들게 되었고, 고려시대나 조선시대에는 이처럼 절 입구에 놓이지 않고 산기슭에다 봉안하였다. 그러다가 조선시대에 들어와 부도의 관리를 위해서 절 입구 평평한 대지 위에 부도밭을 조성한 것이다. 절에 올라가고 내려가는 길에 부도밭에 들러 생전에 치열한 구도 정진을 하였던 스님들의 자취를 바라보

여주 고달사지 원종대사 혜진탑비(보물 제6호)의 귀부와 이수

는 것도 우리들의 삶을 되돌아보게 하는 소중한 시간이 될 수 있다.

부도와 한 쌍으로 보아야 할 것이 탑비이다. 탑비는 승려의 사리를 봉안한 부도 옆에 세워진 사적事蹟을 새긴 비석을 말한다. 사찰에서 세워지는 비석은 이 같은 탑비 외에 창건과 중건 등의 역사가 담긴 사적비事蹟碑, 승려나 시주자의 공덕을 기리는 송덕비 등이 있다. 탑비는 승려 개인의 사적을 중점으로 기록하고 있다는 특징이 있다.

탑비는 부도와 가까운 곳에 위치하는 것이 보통이다. 삼국시대부터 고려시대에 이르는 석비 가운데 가장 많은 부분을 차지하는 것이 바로 탑비인데 그 형식은 보통의 석비와 비슷하다.

탑비의 형태는 맨 아래에 비석을 받치는 대좌, 그 위에 비문을 새긴 비신, 그리고 다시 그 위에 비신을 덮고 있는 옥개석을 갖추는 것이 통일신라시대 이후의 전형적 탑비 양식이다. 대좌는 거북 모양으로 만든 귀부龜趺와 사각형으로 만든 방부方趺의 두 가지가 있다. '方'은 '사각형'이라는 뜻이다.

양양 선림원지 홍각선사탑비의 이수(보물 제446호)

비신은 앞면을 비양碑陽, 뒷면을 비음碑陰이라고 하여 앞뒤에 관련된 글씨들을 써놓게 된다. 보통 글씨는 통일신라시대의 탑비에는 주로 앞면과 뒷면에 새기지만, 조선시대의 탑비는 옆면에도 새기는 경우가 많다.

옥개석은 이수螭首라고 부르는데 세 마리 이무기가 가운데의 여의주를 놓고 서로 엉켜 있는 모습을 하고 있는 것이 보통이다. 그리고 탑비의 이름을 적은 것을 제액題額이라고 한다. 제액은 비신의 맨 윗부분이나 이수에 새긴다. 제액은 대개 전서篆書로 쓰므로 전액篆額이라고도 한다. 현재 남아 있는 탑비는 9세기 통일신라시대에 세운 것이 가장 오래되었다.

오래된 문헌에는 부도를 부두浮頭·포도蒲圖·불도佛圖 등으로도 표기했는데, '붓다Buddha'를 한역한 '불타佛陀'를 다르게 표현한 것이니 모두 한 뿌리에서 나온 말들이다. 다시 말해서 '부도'는 1세기 인도에서 중국으로 불교가 전래된 직후에 붓다의 상징인 불상이나 불탑을 아울러 표현하는 말이었다가, 3~4세기쯤 스님의 사리를 모신 것만을 부도라고 특정해서 부르게 되었다고 볼 수 있다.

요즘 문화재청에서는 문화재로서의 부도를 가리킬 때 부도비 등에 그 부도의 이름이 별도로 전하는 게 아니면 '법천사 지광국사 현묘탑'(국보 제101호)처럼 탑 또는 승탑僧塔이라고 쓴다(국보 제4호 여주 고달사지 승탑). 하지만 탑은 불사리를 모시는 것이라는 보수적 관점으로 본다면 승탑이라고 부르는 것은 적당하지 않다는 지적도 있다.

여주 고달사지 승탑(국보 제4호)

부도는 제자들이 입적한 선사先師를 다비한 후 스승을 기리는 마음에서 그의 사리를 모신 것이다. 따라서 불교가 들어온 이후 일찍부터 세워졌을 것으로 생각된다. 특히 9세기에 중국 당에서 선종禪宗이 들어와 구산선문이 정착되면서 더욱 유행하게 되었다.

중국에서 '선종의 개조開祖'로 불리는 달마達磨대사 이후 6조 혜능慧能에 이르기까지 법맥이 스승에서 제자로 차례차례 이어진 것처럼, 선종에서는 '스승으로부터 제자에게 법을 전한다'는 사자상승師資相承의 전통을 매우 중시한다. 이런 전통에 따라 각 선문의 제자들이 그들의 조사祖師를 숭앙하여 평시에 그가 설법한 내용이나 교훈 등을 어록語錄으로 남기고, 입적 뒤에 선사를 숭앙하기 위하여 부도를 세워 기렸던 것이다.

그러고 보면 부도는 곧 죽음을 사라짐이 아니라 새롭게 이어짐으로 보았던 것이니 죽음에 대해 승화된 인식을 보여준다고 할 수 있다. 유럽 중세의 철학자들이 '죽음을 기억하라momento mori'라고 외친 것은 세

원주 법천사 지광국사 현묘탑(국보 제101호)

속의 허영, 인간의 욕망을 경계한 말이지만, 우리나라 부도를 보았다면 거기에 스며있는 죽음과 떠난 사람들에 대한 철학적 조망을 보고 무릎을 치며 탄성을 질렀을 것 같다.

불탑이 석가부처님 입멸 직후에 세워진 것에 비해 인도를 비롯해 중국이나 우리나라 그리고 일본 등 불교선진국에서 과연 언제부터 부도를 세우기 시작했는가 하는 문제는, 아쉽게도 문헌으로 확인되지 않는다.

《삼국유사》에 백제에서 《법화경》의 권위자였던 혜현惠現(570~627) 스님의 사리를 "도속道俗이 함께 경배하여 석탑에 간직했다道俗敬之 藏于石塔"는 기록, 그리고 그 무렵 신라에서도 〈세속오계〉를 짓는 등 화랑들의 존경을 받던 원광圓光(541~630) 스님의 사리를 봉안했다고 나오므로, 이미 삼국시대에 부도 같은 건축물 건립이 보편적으로 이뤄졌던 것으로 생각된다. 다만 삼국시대에는 '부도'라는 이름으로 부르지 않았던 것 같다.

기록에 부도라는 이름이 처음 등장하는 것은 872년(경문왕 12)의 대안

곡성 대안사 적인선사탑(보물 제273호)

곡성 대안사 적인선사조륜청정탑비

사 적인선사 조륜청정탑비大安寺寂忍禪師照輪淸淨塔碑에 나오는 '起石浮屠[돌을 세워 부도를 지었다]'라는 구절이다.

작품으로서 가장 오래된 부도로 844년(문성왕 6)에 세운 전 흥법사 염거화상탑傳興法寺廉居和尙塔(국보 제104호)을 꼽는 데 이견이 없다. 팔각형을 기본으로 하여 상대석上臺石·중대석中臺石·하대석下臺石 등의 기단부는 물론이고 그 위에 놓이는 탑신굄대·탑신부塔身部·옥개석屋蓋石·상륜부相輪部까지 모두 8각으로 조성되어 있다. 이러한 형식의 부도를 이른바 팔각원당형八角圓堂形이라 부르며, 이후의 부도는 모두 이러한 형태를 기본으로 삼고 있다.

통일신라 시대 부도는 쌍봉사 철감선사탑雙峯寺徹監禪師塔 등 모두 16점이 전한다. 신라의 부도가 팔각원당형을 채택한 것은 중국 당나라 구마라집의 부도에 영향 받았기 때문으로 보는 게 정설인데, 여기에 더해 "신라에서 축적된 팔각에 대한 조형造形의식이 더 크게 작용했을 것"으로 추정하기도 한다.

전 원주 흥법사 염거화상탑(국보 제104호, 국립중앙박물관)

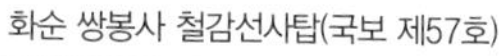

화순 쌍봉사 철감선사탑(국보 제57호)

고려시대에는 법천사 지광국사현묘탑法泉寺智光國師玄妙塔과 같이 평면이 4각으로 변하여 일반 석탑과 같은 형태의 부도가 나타났다. 지금 경복궁 뜰에 옮겨진 이 부도는 불탑 형식을 보이는데, 겉면에 여러 가지 장식무늬가 새겨져 있어 우리나라에서 가장 아름다운 부도로 꼽히기도 한다. 고려 후기에는 이런 웅장한 모습과 섬세한 조각이 담긴 형태에서 일변해 마치 범종 모양과 비슷한 형태의 석종형石鐘形 부도가 나타나기 시작했다.

이 시대의 걸작으로 흥법사 진공대사탑眞空大師塔, 정토사 홍법국사실상탑弘法國師實相塔, 법천사 지광국사현묘탑 등이 있다.

조선으로 넘어가서는 거의 모든 부도들이 석종형으로 바뀌었다. 탑에 못잖게 크고 화려했던 신라와 고려의 부도가 상당히 단순한 형태로 변한 데는 조선의 국풍, 다시 말해서 검약절제를 미덕으로 여기던 유교적 사회관에 영향 받았기 때문이다. 더구나 건국 후 얼마 안 있어 불어닥친 억불 정책으로 말미암아 불교와 사찰이 극도의 침체를 겪던 당시

원주 흥법사 진공대사탑(보물 제365호, 국립중앙박물관)

충주 정토사지 흥법국사실상탑(국보 제102호, 국립중앙박물관)

상황도 곁들여졌다.

그래도 충주 청룡사 보각국사정혜원융탑普覺國師定慧圓融塔, 양주 회암사지 무학대사홍융탑, 보은 법주사 복천암 수암화상탑秀庵和尙塔, 구례 연곡사소요대사탑鷰谷寺逍遙大師塔(연곡사서부도, 보물 제154호) 등은 이 시대 부도의 걸작이라고 할 만한 작품들이다.

앞서 부도의 시원이 언제인지 정확하지 않다고 했는데, 우리나라에서 가장 오래된 통일신라 부도가 미학적으로도 이미 가장 완성된 형태에 도달했다는 게 특이하다. 대체로 처음부터 완성된 형태가 출현하는 게 아니라 어떤 양식이 절정에 오르기까지 어느 정도 시간이 흘러야 하기 때문이다.

부도에는 다른 석조물과 달리 탑비塔碑가 따로 세워져 있어 부도의 주인공과 그의 생애 및 행적 등을 알 수 있다. 더 나아가 당시의 사회상·문화상 등도 나오기 때문에 중요하다. 또 부도비는 미술 작품 면으로 보더라도 주목된다. 각 부마다 정교한 불교 조각과 화려한 장식

충주 청룡사 보각국사정혜원융탑(국보 제197호)

보은 법주사 복천암 수암화상탑(보물 제1416호)

양주 회암사지 무학대사 홍융탑(보물 제388호)

여주 신륵사 보제존자 석종(보물 제228호)

가평 현등사 함허득통 부도

문양이 새겨지는 데다가 조각의 형태도 전체적으로 균형된 조형의 조화미를 보이고 있어 우리나라 석조미술의 백미로 꼽힌다.

수많은 불교미술이 종교적 믿음, 현세적 구원 등에 대한 원초적 갈망에다 인간의 지적 사유가 더해져 높은 미학적 성취를 이룬 조형적 결과인 경우가 많다. 부도 역시 그러해서, 한 인간의 죽음을 후대 사람들이 어떻게 인식해야 하는가에 대한 철학적 사유의 결정판인 것 같다. 그래서 부도의 건립은 곧 떠난 사람에 대한 기림이고, 그에 대한 회상이며, 남은 사람들의 다짐으로 이어진다.

조선시대 부도는 단순화되기는 했어도 나름대로 검박儉朴과 겸손이 미덕이었던 당시 시대관을 잘 상징한다고 할 수 있다. 불교미술에서 화려함과 웅장함이 강조되었던 앞선 시대와 달리 작고 간결한 형태로 바꿔면서 제작도 쉬워져 그 건립도 훨씬 늘어났다. 오늘날 많은 사찰에 조성된 부도밭[浮圖田]에 자리한 부도들은 대부분 조선시대 것이다. 부도는 한 사람의 일생이 다한 다음에야 세워지는 것이니, 여러 부도들이 한데 모아져 있는 부도밭을 보노라면 그 절의 오랜 역사가 담긴 '인생 박물관'을 보는 느낌이 든다. 부도밭의 부도들은 본래 처음부터 이렇게 모아진 것은 아니고, 임진왜란이나 정유재란 같은 커다란 재난을 겪으면서 여기저기 흩어진 부도들을 나중에 한데 모은 것이다. 이런 군집이 묘역이 아닌 것은 부도가 죽음이 아니라 새로운 탄생 그리고 전승을 상징하기 때문이다. 사찰 탐방길에 한번씩 둘러보는 것도 좋을 것 같다.

부도의 의미는 무엇일까? 인간의 삶은 죽음을 떠나서는 생각할 수 없기에 모든 부류의 사람들이 고민해 오던 숙제였다. 죽음을 생각하며 삶의 심원한 가치가 어디에 있는가를 떠올림으로써 인간은 보다 고양된 삶을 살아갈 수 있다는 역설을 부도에서 볼 수 있는 것 같다.

해남 대흥사 부도밭

석등, 지혜의 빛으로 천 리를 비추다

불[火]은 추위에서 벗어나고, 맹수로부터 지켜주며, 날것을 익혀 먹음으로써 건강에 큰 도움을 주는 등 인류가 원시사회에서 벗어나 문명사회로 이어가는 데 촉진제가 되었다. 나아가 불은 문명의 상징이자 인간이 이룬 총체적 지식과 지혜의 은유로 여겨졌다. 인간에게 처음 불을 선사했다는 '프로메테우스'가 등장하는 그리스 신화를 비롯해 모든 종교의 경전마다 불이 신성한 존재로 묘사되곤 했던 것도 그런 이유다.

불교에서 불은 지혜와 광명의 상징이니, '등불을 밝혀주는 부처님'이라는 뜻의 디팡카라 붓다Dipam-kara Buddha, 곧 연등불燃燈佛은 그 정점이었다. 이 부처님은 그를 찾아온 한 수행자에게 "그대는 훗날 부처가 될 것이다."라고 예언[授記]함으로써 구도의 열망을 한껏 지펴나가던 청년으로 하여금 더욱 정진토록 하는 마음의 등불을 밝혀주었다. 이 구도자가 수백 겁을 지나 훗날의 석가모니가 되었으니, 인류를 구원해 주는 영원한 지혜의 불은 연등불이 지핀 작은 불씨에서 비롯된 것이다.

석등은 광명대光明臺라고도 하며 사찰 경내에 불을 밝히는 조명시설을 말한다. 석등의 위치는 대체로 법당 앞으로 고정되었다. 하지만 단순히 조명용으로만 그치는 것이 아니라 불법을 환하게 밝힌다는 상징적 의미로도 만들어졌다. 예를 들면 《등지인연경燈指因緣經》에 등燈의 의미가 다음과 같이 나온다.

> 부처님의 광명인 진리를 중생들에게 전함에 있어 부처님의 설법 대신에 등명燈明을 만들어 암흑과 같은 사바세계에서 헤매는 중생을 선한 경지에 이르도록 인도한다.

석등 조성의 공덕에 대한 언급도 있다. 《불설시등공덕경佛說施燈功德經》에 등을 밝히면 삼종명三種明을 얻게 되며, 죽은 사람을 위하여 탑묘와 여러 부처님 앞에 등을 밝히면 33천에 다시 태어나 다섯 가지의 청정을 얻을 수 있다고 나와 있다. 그 밖에도 《화엄경》 〈보현행원품〉에는 모든 공양 중에서도 등불 하나하나가 수미산과 같을 뿐만 아니라 등유燈油 시주가 모든 공양 중에서 으뜸이라고 나온다.

이런 까닭으로 불교에서는 석등 조성을 중시하게 되었고, 공력을 기울여 최대한 아름답게 만들려고 했다. 그래서 지금 우리에게 전하는 석등 가운데 형태미가 뛰어난 작품이 다수 전하고 있다.

인도에서 불교 석등은 2세기에 세워진 네팔 카트만두 보르나트 사원에 남아 있는 2기 등 극소수만 전한다. 물론 그 이전에도 조명을 위한 도구로서의 등은 있었지만, 우리가 오늘날 절에서 보는 것과 같은 형태를 한 불교 석등은 이것이 가장 오래된 작품이다. 중국도 산시성 동자사童子寺의 석등 등 6세기 무렵의 작품은 다섯 손가락으로 꼽을 정도밖에 안 남아 있다.

익산 미륵사지 석등 부재(화사석 및 옥개석 부분, 국립전주박물관)

그에 비해 우리나라에는 삼국시대부터 고려시대까지 상당히 많은 작품이 전하니, 가히 '석등의 나라'라고 해도 전혀 지나치지 않다. 익산 미륵사지 석등은 7세기 작품으로 그중에서도 가장 오래된 것이다.

등의 재료는 목기, 도기, 토기, 금동, 철, 금은 등 다양하다. '돌로 만든 등'이라는 뜻의 '석등石燈'은 868년 전남 담양 개선사 석등에 새겨진 글귀에 처음 보인다. 《삼국사기》에 866년 경주 황룡사에서 연등행사를 열었다는 기록이 있어 적어도 이 무렵부터는 절에서 석등이 활용된 각종 행사가 있었던 것 같다.

석등의 구조는 맨 아래부터 연화대좌, 석주, 화사석, 옥개석 순으로 올라간다. 받침돌인 대좌는 거의 예외없이 연꽃 모양인 반면에 기둥인 석주는 팔각형, 고복형, 사자형 등 여러 형태가 있다. 고복형은 기둥 한가운데가 북[鼓]처럼 불룩하다 하여 붙여진 이름이고, 사자형은 주로 두 마리 사자가 서로 마주본 채 화사석을 받드는 형태다. 화사석은 불을 밝히는 자리인데 아래가 오목하게 파여서 그곳에 기름과 심지를 담은 등잔이 놓였다. 신라시대 석등 화사석은 팔각형으로 되어 있다. 팔각 중 서로 바라보는 두 면에 화창火窓을 두어 불빛이 외부로 퍼질 수 있게 했다. 또 화창 주위에 금속제 문을 달아 열고 닫을 수 있게도 했는데, 지금도 문돌쩌귀 흔적이 보이기도 한다. 반면에 고려시대 석등 화사석은 사각형에 벽면이 거의 없이 화창이 시원하게 크게 나있는 예가 많다. 그리고 옥개석은 화사석 위에 놓이는 머리장식이다. 그 밖에 조선시대에 와서는 전체가 사각형으로 이루어진 석등도 나타나고 있는데, 이러한 것을 특별히 장명등長明燈이라고도 한다.

불교에서는 예로부터 절 안 어디에다 석등을 두는지가 가람배치상 중요한 고려 대상이었는데, 위의威儀로 친다면 불교미술에서 불상과 불탑 다음으로 중요한 존재였다. 그런 면에서 석등의 위치는 탑 앞이나 그 좌우가 제자리라고 볼 수 있다. 그런데 요즘은 석등의 중요성이 다소 떨어졌는지 때론 눈에 잘 띄지 않는 곳에 놓기도 해 아쉽다.

하지만 통일신라 때는 금당 앞마당 한가운데에 좌우로 탑을 거느린 채 당당하게 자리한 예가 있고(장흥 보림사 석등, 국보 제44호), 높이가 5m(남원 실상사 석등)가 넘어 웬만한 석탑 못잖았게 컸던 것을 보면 본래는 절에 있어서 석등이 차지하는 비중이 생각보다 컸던 것을 알 수 있다.

양산 통도사 금강계단 뒤 작은 석등을 보면서, 그 옛날 석가모니가 열반을 앞두고 제자들을 향해 "그대 자신을 등불로 삼아 정진하라自燈明 法燈明."고 했던 당부야말로 석등의 진정한 의미를 알려주는 말 같다.

중국 당나라의 담연湛然(711~782)은 '수일우 조천리守一隅 照千里'라 하여 "한 모퉁이를 지키면 천 리를 비출 수 있다."고 했다. 수행자가 지켜야 할 마음가짐을 설명한 것이지만 석등에도 또한 썩 잘 어울리는 말인 것 같다. 있는 듯 없는 듯 한구석에 살며시 자리하되, 그러나 그 어떤 말보다도 눈부신 밝음으로 온 누리 구석구석 어둔 자리를 밝혀주려는 게 바로 석등인 듯해서다. 우리들의 지혜도 석등만큼 밝아졌으면 더할 나위 없으련만.

남원 실상사 석등(보물 제35호)

청도 운문사 석등(보물 제193호)

당간지주,
깃발을 높이 휘날리던 한 쌍의 기둥

당간幢竿이란 당을 매달기 위한 장대를 말하며, 당간지주는 이 당간을 지탱하는 기둥이다. 당幢이란 장대 끝에 깃발을 달아 늘어뜨린 것을 뜻한다. 당을 다는 이유는 불보살의 위신과 공덕을 표시하여 마군魔軍을 물리치며 중생을 제도한다는 의미를 지니고 있다.

당간은 대개 사찰 입구에 세워진다. 당간지주의 재질은 금동·철 등의 금속도 있지만 대부분 돌로 만들어졌다. 설치방법은 먼저 두 기둥

영주 부석사 당간지주(보물 제255호)

김제 금산사 당간지주(보물 제28호)

을 적당한 간격으로 양쪽에 세운 뒤 그 안쪽 아래에다 당간을 받치기 위한 기본시설인 간대竿臺와 기단부를 놓은 다음 당간지주 안쪽에 간공竿孔을 뚫는다.

현재 남아 있는 당간지주를 보면 통일신라시대 이전의 것은 하나도 없고 전부 통일신라시대 이후에 속하는 것들이다. 그 가운데 대표적인 작품으로 통일신라시대의 부석사 당간지주 및 숙수사 당간지주(보물 제59호), 김제 금산사 당간지주, 고려시대의 춘천 근화동 당간지주(보물 제76호), 홍천 희망리 당간지주(보물 제80호), 서산 보원사지 당간지주(보물 제103호) 등이 있다. 조선시대에서는 사찰을 대놓고 드러내기 어려운 사회적 환경 때문이었는지 통일신라나 고려시대와 같은 의미의 당간은 세워지지 않았다.

당간지주는 당간을 지탱하기 위한 구조물이면서 아울러 그곳이 신성한 사찰이 있는 지역이라는 것을 나타내는 표지標識이므로 선사시대의 '솟대' 신앙과 연결된다는 주장도 있다.

영광 불갑사 대웅전 앞 괘불지주

괘불지주, 마당에 올린 불화의 장엄

법당 앞의 계단 아래 좌우로 자그마한 기둥 두 개가 마주보며 서 있는 것을 종종 본다. 이것을 괘불지주掛佛支柱, 혹은 괘불대掛佛臺라고 하는데 괘불을 걸 때 사용하는 기둥이다. 절 입구에 놓이는 당간지주와 형태와 용도 면에서 전혀 다른 석조물이다. 괘불지주는 두 개가 한 쌍이 되어 각각 법당 좌우에 놓이게 된다. 곧 두 쌍 4개가 기본인 셈이다. 현재 전하는 것은 대부분 조선시대 중기 이후의 것인데, 겉면에 조성시기를 적어놓기도 하여 괘불의 제작 시기나 사찰의 중건 등을 짐작하는 데 도움이 된다.

하마비, 절의 자존감을 세워주던 표식

하마비下馬碑란 누구나 이 앞에서는 말이나 가마에서 내려 예를 갖추고 걸어서 안으로 들어가야 한다는 뜻의 비석이다. 대체로 자그마한 사각형으로 만들며 '대소인원개하마大小人員皆下馬', 혹은 그냥 단순히 '하마비' 글자만 새겨져 있다. 조선시대에 주로 궁궐이나 사당 앞에 세워지곤 했다. 그런데 일부 중요한 사찰에도 하마비가 세워져 사찰의 격을 높여주었다. 하마비를 세우도록 허락한 주체는 각 사찰이 자리한 지방 정부, 곧 관찰사나 부사府司 등이다. 해당 지역의 유서 깊은 사찰을 보호하기 위한 시책이었다.

남양주 봉선사 하마비

특히 사찰 하마비는 숭유억불의 조선시대에도 유생이나 관료의 횡포를 막아주는 역할을 하여 사찰의 존속과 승려의 수행에 커다란 도움을 주었다. 현재 사찰 하마비는 남양주 봉선사, 영천 은해사, 의성 지장사 등 적잖은 곳에 남아 있다.

8장

불교공예, 불교미술의 화려한 향연들

범종

범종梵鍾은 불교의식에 사용되는 불교공예품 가운데 가장 중요한 법구法具로 금고·운판·목어와 함께 이른바 '불전사물佛殿四物'의 하나로 꼽는다. 범종을 울리는 근본 뜻은 천상과 지옥중생을 제도하기 위함이라고 한다. 지금 범종은 사찰에서 아침과 저녁에 행하는 예불과 행사의 시작 등을 알릴 때 사용한다. 아침 예불 때는 28번, 저녁 예불 때는 33번을 타종하는 게 우리나라 사찰에서의 법식이다.

범종은 우리나라를 비롯해서 중국과 일본에서도 사용되지만, 우리나라의 범종은 이 두 나라와 확연히 다른 개성이 있고 또 아름다운 모습을 지니고 있어 '한국종'이라고 하는 중국과 일본 범종과 확연히 다른 면모가 인정되고 있다. 범종 형태의 기원을 고대 중국의 악기인 편종編鍾이나 용甬 등에서 찾기도 하지만 확실하지 않다. 또 통일신라시대 범종의 용뉴龍鈕의 유래를 《삼국유사》에 나오는 만파식적萬波息笛에서 그 원형을 찾기도 한다.

양양 선림원지출토
신라 범종 파편

현재 남아 있는 작품 중 가장 이른 시기에 만들어진 것은 평창 상원사上院寺 범종(725년)이다. 이 상원사 범종에 용뉴·유곽 등 이미 한국적인 요소가 거의 모두 들어가 있어 범종 양식은 상원사 종이 만들어지기 이전에 완성된 듯하다.

그 다음으로 771년에 만들어진 유명한 성덕대왕신종聖德大王神鍾이 있다. 그 밖에 804년의 선림원禪林院 범종과 실상사 범종 등 신라시대의 범종은 파손된 것

평창 오대산 상원사 범종(국보 제36호)

경주 성덕대왕신종(국보 제29호)

까지 합쳐서 다섯 개를 넘지 못한다. 하지만 현재 일본에 유출된 신라시대 범종이 알려진 것만 해도 그보다 많고, 고려시대 범종까지 합하면 그 수가 상당한 숫자에 이른다.

범종은 경종警鍾 · 조종釣鍾 · 당종撞鍾 · 동종銅鍾 등으로도 부르는데, 범종이라는 말에 가장 불교적 의미가 짙게 담겨 있다. 동종이라고 부르는 경우도 꽤 많은데, 이 말은 '구리로 만든 종'이라는 뜻이므로 범종의 의미를 잘 살려내지 못한다. 범종 가운데는 구리로 만든 것이 가장 많겠지만 철종이나 금종도 있으므로 적합한 용어도 아니다. 또 '범종'을 한자로 쓸 때 '鍾'과 '鐘'을 혼용하기도 한다. 어느 것이 옳다고 단정하기는 어렵지만, 우리나라 범종의 명문에 고려시대까지 거의 한결같이 '鍾'자를 쓰고 있는 것으로 보아서는 옛날 사람들은 '鍾'자를 선호했다고 볼 수 있다.

범종은 범종각 등에 걸리는 대종大鍾과 법당 내에 있는 소종小鍾 두 가지가 있다. 흔히 범종각의 종만을 범종이라 하고 법당 종은 동종이라고 부르는 경우가 많지만, 법당 종 역시 범종이라고 해야 맞다.

절에서 범종을 중요시 했던 것은 단지 행사를 위한 타종의 기능적인 면만을 본 것은 아니었다. 범종을 울리는 행위 그 자체를 중요한 불교의식으로 여겼기 때문이었다. 국보인 성덕대왕신종에 새겨진 글에 그 같은 관념의 일단이 보인다.

> 도道의 근원은 형상形像의 밖을 포함하기 때문에 보려 해도 보이지 않는다. 또 커다란 음향은 천지 사이를 진동하기 때문에 들어도 그 소리를 들을 수 없는 것이다. 다만 삼진三眞의 오묘한 일을 다 살피고 신기神器를 달아서 일승一乘의 원음圓音(부처님의 말씀)을 깨닫게 되는 것이다. 그래서 유정천有頂天에서 무저지방無底之方에까지 울려 퍼짐으로써 그 소리를 듣는 사람은 복을 받게 된다.

이렇게 옛날 사람들은 범종을 불경과 동등한 가치가 있는 불기佛器로 여겼고, 그 소리가 곧 극락과 지옥까지 울려 퍼져 깨달음을 얻게 하는 부처님의 말씀과 같은 것이라고 생각했던 것이다.

법고

법고法鼓는 법회나 법요 등 불교의식 때 쓰는 북이다. 일반 북과 마찬가지로 몸체는 나무고 그 몸체를 가죽으로 둘러싸서 만들었다. 범종

김제 금산사 범종각 법고

강화 전등사 업경대

각에 범종 등과 함께 걸리는 것이 있고, 또 법당 내에 놓이는 것도 있다. 옛날 사람들은 법을 전하는 북이라고 생각하여 설법을 달리 '법고를 울린다'고 표현했다.

법고 가운데는 대좌가 사자獅子 또는 거북 등 여러 동물 형태로 된 것이 있는데 그 자체로 하나의 훌륭한 조각품이어서 예술적 가치가 뛰어난 것도 많다.

목어와 목탁

목어木魚는 나무를 물고기 모양으로 깎아서 배 부분을 파내어 그 안에 두 개의 나무막대기를 넣고 두드려 소리를 내는 의식구다. 불전사물

부안 내소사 범종각 목어

고양 흥국사 법당 옆 목탁

의 하나로 꼽히며 대체로 범종각에 걸어둔다.

목어가 물고기 모양인 데 대한 근거는 없다. 전설에는 옛날 어떤 스님이 스승의 가르침을 어기고 죽은 뒤 물고기가 되었는데 등에서 나무가 자라나자 스승이 수륙재를 베풀어 물고기 몸을 벗게 하고 그 나무로써 물고기 모양을 만들고 매달아서 다른 스님들이 경계하도록 했다고 한다.

다른 일설에는, 물고기는 밤이나 낮이나 눈을 감지 않으므로 수행자로 하여금 졸거나 자지 말고 늘 깨어서 꾸준히 수도에 정진하라는 뜻으로 물고기 모양으로 만들었다고도 한다. 한국에서는 둥근 것을 목탁이라 하고 긴 것은 목어라고 구별하여 부른다.

목탁木鐸은 부처님 앞에서 염불·독경·예불할 때나 공양할 때, 또는 대중을 모을 때에 신호로서 사용한다.

운판

운판雲板은 구름 모양의 넓은 청동판으로, 날짐승의 천도를 위해 나무방망이로 쳐서 소리를 내는 법구이다. 요즘은 거의 범종각에 걸어두고 쓰지만, 절의 부엌이나 식당에 달아 두고 대중에게 끼니를 알리는 신호판으로 쓰기도 한다. 밥이 다되어 뜸을 들일 때 세 번 치므로 화판火板, 바리때를 내릴 때 길게 치므로 장판長板이라고도 불렀다.

평창 월정사 종고루 운판

여주 신륵사 운판

사리장엄

사리의 의미와 사리신앙

절이 있는데 탑이 없는 경우는 별로 없다. 역사적으로 보면 사찰의 구조상으로 가장 중요한 부분 중 하나가 탑인 적도 있었다. 탑이 이렇게 소중하게 여겨진 까닭은 바로 그 안에 불사리가 있어서다. 불사리는 워낙 소중해서 그냥 탑 안에 안치하는 게 아니라 반드시 불사리를 담는 전용 용기인 사리장엄에 넣어서 봉안하기 마련이다. 그런데 부처도 보살도 아닌, 어찌 보면 유골에 지나지 않는 사리를 왜 그렇게 경배하게 되었을까?

불교에서는 전생과 금생, 그리고 후생에 걸쳐 수많은 부처님이 있다고 보는데, 그래도 역사상 실존했던 부처님은 석가부처님 단 한 분임은 누구나 인정한다. 불교적 시각에서 볼 때 인류 역사상 가장 행복했던 사람들은 바로 석가모니와 같은 시대 같은 공간에서 생활했던 사람들이 아닐까 싶다. 석가모니를 직접 만나보고, 심지어는 그의 설법을 직접 들을 수도 있었을 테니까. '내가 만약 그 때 태어나서 먼발치에서나마 설법 한 번 들어보았더라면' 하는 상상만으로도 불교도는 더없는 행복감을 느낀다.

그런데 생각하기 나름으로는 지금도 석가부처님을 전혀 못 뵌다고 할 수도 없으니, 그건 바로 불사리가 있어서다. 석가모니 입적 후 다비해서 나온 유골이 불사리인데 이것이 곧 석가부처님 그 자체라고 보는 인식은 오래 전부터 있어왔다. 사리란 단순한 유골이 아니라 부처님의 영혼이 담긴 실체라고 여긴 것이니, 이것이 바로 불사리가 존숭되어 왔던 까닭이기도 하다.

이렇게 불사리는 곧 부처님을 상징하므로 예로부터 국가적인 관심을 기울여 불사리를 존숭했었다. 석가모니 다비 직후 불사리의 소유를 놓고 인도의 8개국이 전쟁 직전까지 갔다가 결국 '드로나'라는 사문의 중재로 사이좋게 똑같이 나누었던 건 당시 사람들이 얼마나 불사리를 갈망했는가를 말할 때 늘 거론하는 유명한 이야기다(사리팔분의 고사).

중국도 마찬가지였다. 육조와 당나라에서는 불사리 봉안식이 자주 열렸는데, 그때마다 나라 안의 가장 경사스런 행사였다. 또 인도로부터 수나라에 불사리가 처음 전해지고 탑에 사리를 봉안할 때 천하의 사람들이 모두 나와서 지켜보고 감격해 마지않는 사람이 없었다는 기록도 있다.

우리나라도 비슷한 일이 많았다. 신라의 자장율사가 643년 당나라에서 가져온 사리 100과 중 일부가 통도사 사리탑에 봉안되었는데, 임진왜란 때 일본군이 이 사리탑을 무너뜨리고 불사리를 빼앗아 갔다. 하지

양산 통도사 적멸보궁(금강계단, 국보 제290호)

만 사명대사가 전쟁 직후 일본에 건너가 되찾아 와서 이 사리 중 일부를 강원도 고성 건봉사에 봉안했다. 이때 이루어진 불사리 친견 및 봉안식은 사람들의 열렬한 환영 속에 무려 1년이 넘게 이어졌다고 한다. 요즘도 가끔 불사리 친견의식이 성대하게 벌어지곤 하는데, 따지고 보면 이런 의식의 연원은 꽤 오래된 것이다.

자장율사 진영(통도사 해장보각海藏寶閣)

화려와 은일의 멋을 간직한 사리장엄

옛날부터 존귀한 진신사리를 탑에 봉안하는 것은 보통 중요한 일이 아니었을 것이다. 사찰에서 행하는 사리 봉안식은 으레 대중들의 엄청난 관심과 주목을 받기 마련이었고, 종종 국가가 나서서 성대하게 거행하기도 했다. 6~7세기 중국의 수나라 및 당나라가 그랬다. 인도에서 모셔온 불사리를 봉안하기 위한 사리탑 건립은 대체로 국가가 주도했는데, 사리탑이 완성되어 봉안식을 할 때면 수많은 사람들이 모여 인산인해를 이루었다.

우리나라도 비슷했다. 불교가 국교처럼 숭상되었던 삼국과 통일신라 때야 말할 것도 없고, 조선시대에도 불사리 봉안식은 특별한 행사였다. 임진왜란 때 일본군에게 빼앗긴 양산 통도사 치아사리 12매를 전쟁 직후 사명대사가 되찾아 와서는 그 일부를 건봉사에 봉안하였다.

이 봉안식은 7년간 전쟁에 시달린 사람들에게 커다란 마음의 위안이 되었을 것이다. 이후 조선시대 후기에서 19세기에 걸쳐 전국 사찰에서 불사리를 봉안하는 행사가 자주 열리곤 했다.

그 자체가 석가모니로 인식되었던 불사리이므로 이를 어디에다 어떻게 담아야 정중하고 여법하게 봉안하는 것인지에 대한 고민이 없을 수 없었다. 그에 관한 예술적 해답이 바로 사리장엄舍利莊嚴이니, 불사리의 고귀함에 걸맞도록 아주 특별히 고안된 그릇을 뜻한다. 사리장엄이란 탑에 봉안하는 사리와, 이 사리를 담기 위해 만든 용기容器, 그리고 사리 봉안을 기념하여 함께 넣어지는 여러 물품 일체와 기록물 등을 한데 아울러서 지칭하는 말이다. 그릇뿐만 아니라 사리 봉안을 기념하며 여러 사람들이 시주했던 보석류, 그 일에 관련된 인물과 과정을 적어 함께 넣어두는 봉안기奉安記 등도 사리장엄의 한 부분이다.

고성 건봉사 세존영아靈牙탑

인도에서 처음 나타났던 사리장엄은 우리나라뿐만 아니라 중국이나 일본 등 대승불교가 성행했던 지역에서 그 나라 그 시대의 특징을 담아 독특하고 다양한 모습으로 만들어졌다. 그래서 사리장엄을 보면 그 나라의 문화수준이 그대로 드러난다. 그런데 객관적으로 보아 전 세계의 사리장엄 중에서도

익산 미륵사지 석탑 사리장엄(보물 제1991호)

삼국시대와 통일신라시대 사리장엄은 예술 면에서 세계 최고의 반열에 놓아도 될 만큼 아름답고 정교하게 만들어졌다.

백제의 사리장엄은 부여 왕흥사지 목탑과 익산 미륵사지 석탑에서 발견된 것이 대표작으로 꼽힌다. 특히 무왕과 선화공주의 전설이 전하는 미륵사의 석탑에서 2009년에 발견된 사리장엄은 백제사를 새로 써야할 만큼 중요한 작품이다.

석탑 지하에 묻힌 심초석 중앙 홈 안에 불사리가 든 호리병 모양의 순금제 사리병이 그보다 큰 또 다른 순금제 병 안에 들어 있었고, 그 주위에 여러 다양한 보석들이 마치 불국토를 장엄하듯 놓여있었다. 백제 사람들은 유리가 아닌 금으로 만든 사리병을 최초로 선보이면서, 수준 높은 예술성을 가득 담아 한껏 고양된 고결한 품격을 1,300년 뒤의 후손들에게 그대로 전해주었다.

더욱 흥미로운 점은, 사리장엄과 함께 발견된 봉안기에 탑이 세워진

해가 639년이며 또 왕후도 선화공주가 아닌 부여 지역 호족의 딸이라고 기록되어 있는 점이다. 《삼국유사》에 전하는 내용과 달라서 큰 논쟁을 불러일으키기도 했다.

불교미술의 최고 반열에 올려도 될 만한 작품이 신라 감은사 사리장엄이다. 신라가 삼국을 통일한 직후 창건한 가람의 동서로 나란히 세워진 2기의 석탑에 각각 봉안된 사리장엄은, 꼭대기에 구슬 모양의 손잡이가 달리고 사방에 사천왕상이 새겨진 금동 외합을 들어 올리면 그 안에 지붕이 있는 궁전 모습의 화려한 사리함이 나타나고, 그 한가운데에 불사리를 담은 영롱한 수정 유리병이 안치된 아주 정교한 구조로 되어 있다. 그 교묘한 방식이나 뛰어난 예술성 등에서 타의 추종을 불허한다. 만일 우리나라 사리장엄 중에서 단 하나만 들라면 단연 이 감은사 사리장엄을 꼽겠노라는 사람이 가장 많을 것이다.

경주 감은사 동탑 사리장엄(보물 제1359호)

사리장엄은 탑 안에 놓이므로 봉안된 다음에는 볼 수가 없다. 가장 존귀한 불사리를 담았으되 자신을 감추고 있는 게 바로 사리장엄이다. 최고의 덕이 있으나 자랑하지 않고, 화려함이 넘치나 함부로 보여주지 않는 것. 단 한 번의 드러냄으로써 영원을 설파하는 은자隱者의 미덕이 이야말로 사리장엄이 지닌 진정한 가치인 것이다.

오늘날 사리신앙이란 무슨 의미일까

우리나라에는 예로부터 탑이 헤아릴 수 없이 많았으니, 신라에서는 '절이 밤하늘의 별처럼 벌려있고, 탑이 기러기 날아가듯이 늘어섰네'라는 말이 있을 정도로 절이 있으면 반드시 탑이 있었다. 이처럼 탑이 경배의 대상이 되는 이유는 사리를 봉안하고 있기 때문이다. 사람들이 불사리를 존숭하는 것은 곧 부처님을 상징하기 때문이다. 역사상 실존했던 부처님은 석가모니다. 불사리는 석가모니를 다비하고 나온 육신의 일부였으므로 불사리는 곧 석가모니 그 자체라고 보는 것은 당연했다. 불사리가 그토록 존숭되어 왔던 까닭이기도 하다.

사리의 존재와 영험을 굳이 과학적으로 증명할 필요는 없을 것 같다. 사리신앙은 우리의 역사와 신앙 속에서 엄연히 커다란 의미를 지닌 채 자리하고 있으므로 그로 인해 일어났던 여러 행위와 관념을 존중하고, 문화적 관점에서 바라보는 게 맞을 것 같다. 석가모니 입적 이후

평창 오대산 중대 적멸보궁(보물 제1995호)

지금까지 우리가 불사리 친견을 갈망하는 건 바로 불사리로 상징되는 '진리'를 갈구하는 마음에 다름 아니기 때문이다. 진리를 사리장엄이라는 작은 그릇 안에 다 담을 수야 없겠지만, 그래도 저 안에 진리가 있다는 믿음 자체로 우리는 커다란 행복감을 느낄 수 있지 않은가. 진리의 존재에 대한 확고한 믿음이 바로 사리신앙의 근본이자 핵심이라면, 그것이야말로 가장 오늘날 우리가 가장 필요로 하고 또 소중한 믿음이 아닌가 싶다.

인제 봉정암 오층석탑(보물 제1832호)

금고

함통6년명 청동북(금고) (보물 제1907호)

속초 신흥사 금고

금고金鼓는 사찰에서 의식이나 행사를 알릴 때 사용한다. 금고 외에 금구禁口·반자飯子 등으로도 불린다. 옛날에 군대에서 소리 신호를 내기 위해 쓰던 군악기였는데 불교 법구로도 사용된 것으로 보고 있다.

주로 청동으로 만드는데, 둥근 모양에 한쪽은 막히고, 다른 쪽은 터져서 속이 비어 있다. 또 옆면에 2~3개의 고리가 있는 게 보통이다.

금고의 앞면은 연꽃 모양을 새겨서 장식한 경우가 많다. 동심원상의 돋은 선[突帶]으로 2~3부분 구획한 후 제일 안쪽에 연꽃의 씨앗이 표현된 자방子房을 장식하고, 그 주위로 연꽃을 돌려 활짝 핀 연꽃 모양으로 장식하는 게 보통이다. 자방에 해당하는 중앙 한가운데를 나무방망이로 두드려 소리를 낸다. 보통 융기된 외연外緣에는 꽃무늬·당초무늬唐草紋·구름무늬雲紋·여의두무늬如意頭紋 등을 양각했다.

금고는 옆면에 1줄의 종선線縱이 둘러지고 그 위에 달린 고리의 좌우 공간에다가 음각 또는 양각으로 명문銘文이 새겨진 예가 많다. 그래서 미술 외에 역사 면에서도 중요하다. 명문을 통해 제작연대와 봉안사찰, 관계자의 성명, 들어간 재료, 무게, 발원문의 내용 등을 알 수 있어서 역사자료가 되기 때문이다.

향로

향로香爐란 향을 피우기 위한 그릇으로 향완香垸이라고도 한다. 향은 본래 악취를 막아주고 해충을 쫓기 위해 사용되었는데, 후에 향을 피움으로써 악귀를 쫓고 잡념을 없앤다는 믿음으로 고대 종교의식에서도 사용되었다. 이러한 믿음은 고대 인도나 오리엔트 지역 등지로 퍼져

밀양 표충사 청동은입사향완(국보 제75호)

양산 통도사 청동은입사향완(보물 제334호)

부여 능산리출토 백제금동용봉향로(국보 제287호)

있다가 불교에 유입되어 악귀를 쫓는다는 의미로 사용되었다.

우리나라에서는 특히 고려시대에 불교의식이 다양하고 활발하게 열리면서 향로도 발달되었다. 근래에는 부여 능산리 절터에서 금동용봉향로金銅龍鳳香爐가 발견되어 백제에서도 이미 완숙한 형태의 향로가 제작되고 있었다는 것을 알 수 있다.

현재 남아있는 대표 작품으로는 밀양 표충사表忠寺 청동 은입사 향완, 통도사명通度寺銘 청동 은입사 향완 등이 있다.

향로는 그 용도에 따라 손잡이가 달린 병향로柄香爐, 불단에 두는 거향로居香爐·현향로懸香爐 등이 있다. 형태 면으로도 박산형博山形·상형象形·정형鼎形·삼족형三足形·연화형蓮花形·고배형高杯形 등 매우 다양하다. 그 가운데 고배형 향로는 구연에 넓은 전이 달린 바라 모습의 노신爐身에 아래로 가면서 나팔형으로 벌어진 받침으로 구성되었다. 현재 전하는 향로 대부분은 이 같은 모습이며, 이것을 특별히 향완香琓이라고도 한다.

번

번幡이란 불보살의 위덕威德을 표시하는 장엄용 깃발로, 증번繒幡·당번幢幡이라고도 한다.

번은 주로 직물로 만든다. 형태는 상하가 긴 직사각형의 번신幡身과, 이등변삼각형의 꼭짓점 부분을 자른 모양 비슷한 번두幡頭에 각종 장엄무늬와 불보살의 명호를 문자로 수繡를 놓았다. 검은색 직물로 처리된 번두의 양쪽에는 오색 천으로 깁고 오색 실로 수놓은 복장 주머니가 매달려 있다.

법당 내의 기둥이나 법회 때 번간幡竿에 매달아 뜰 가운데 세우거나, 혹은 천개天蓋나 탑의 상륜부에 매달아 보는 이로 하여금 신심을 일으키고 불전을 장엄하는 효과를 낸다.

사찰의 번(고양 흥국사)

연

삼각산 도선사 연(가마)

연輦은 가마를 말한다. 가마는 옛날에 귀인들이 탔던 운송수단인데 불교에서 말하는 가마란 불교의식 때 불상이나 그 밖의 귀중한 존재를 법당으로 모시는 용도로 사용하였다. 사찰에서 사용한 연은 전통적인 일반 가마와 형태면에서 크게 다르지 않다. 현재 전하는 연은 고려시대 이전의 것은 없는 것으로 알려져 있고, 대부분 조선시대에 만든 것이다. 물론 지금도 각 사찰에는 부처님 오신 날이나 다른 주요행사 때 연을 사용하고 있다.

불단과 닫집

불단佛壇이란 법당 내부 중앙에 불보살상을 모시기 위해 가설한 단을 말한다. 이 불단은 수미산須彌山을 상징한다고 보아 일명 수미단須彌壇이라고도 한다. 나무로 만드는데, 조선시대의 불단은 상중하의 3단으로 구성된 것이 일반적이다. 이 불단 위에 대좌가 안치된 다음 그 위에 불상이 봉안되고, 불단 상단에는 그 밖에 예불과 의식 때 사용하는 향로·원패·촛대·꽃병 등이 장엄된다. 가장 유명한 불단은 영천 은해사 백흥암의 것으로 보물 제486호로 지정되어 있다.

한편 닫집은 법당 안에 봉안된 불상의 머리 위를 덮어서 위의威儀도 높이고 또 먼지 등도 막도록 설치한 것으로, 형태는 전각의 지붕 같은 모습을 하고 있다. 한자로는 천개天蓋 또는 보개寶蓋라고 한다.

닫집은 수미단 상부를 장엄하는 것이므로 화려한 보궁의 형태로 장식되며, 극락세계를 상징하는 의미를 띠고 있어 내원궁內院宮·적멸보궁寂滅寶宮이라고 쓴 편액이 걸려 있기도 하다.

닫집의 구성은 대체로 내부, 곧 지붕 밑에 용과 구름 등을 화려하게 조각하여 장식하고 전체를 단청으로 꾸민다. 또 천정에는 극락조가 날고 좌우에는 구름 속에 동자 모습의 비천상이 정면을 향하기도 한다. 닫집을 떠받치는 불단 좌우의 기둥에도 용이 감싸며 불단을 장엄한다.

영천 은해사 백흥암 수미단(보물 제486호)

강화 전등사 대웅보전 닫집

안동 봉정사 대웅전 닫집

9장

가람의 배치와 공간의 의미

사찰 앞에 펼쳐진 장엄의 세계

사찰의 다리, 너와 나를 이어주는 희망의 디딤돌

산사山寺 가는 길에 계곡을 가로지르는 냇물을 피할 수 없다. 평소엔 훌쩍 뛰어 넘던 얕고 좁은 냇가여도 비가 와 계곡물이 불면 옷 적실 각오하고 건너야 한다. 중간에 땅이 움푹 꺼져버려 뛰어넘거나 엉금엉금 기어가야 하는 길도 자주 만나게 된다. 오던 길을 되돌아가거나 한참을 빙 둘러갈 수도 없고, 여간 곤혹스럽지 않다. 이럴 때 끊어진 길을 메워주고, 개울을 건너게 해주며, 계곡과 계곡을 이어주는 존재가 있다면 얼마나 좋을까.

이 역할을 다리[橋]가 해준다. 지척 간이나마 끊어지면 더 가기 힘든 길을 메워주어 무사히 절까지 갈 수 있게 해주니 여간 고마운 존재가 아니건만, 우리는 평소에 무심히 건넌다.

우리의 옛 다리는 아주 다양하다. 크고 작은 돌들을 냇물 중간 중간에 배치해 밟고 가도록 한 징검다리, 구조가 잘 짜인 보다리, 통나무와 진흙, 소나무 가지로 임시로 만든 섭다리, 널빤지를 깔아 만든 널다리[판교], 양쪽 언덕에 줄이나 쇠사슬 따위를 질러 거기에 의지해 매달아 놓은 매단다리, 배들을 연결하고 그 위에 상판을 놓은 배다리, 다리 위에 누각을 세운 누다리 등등이다. 징검다리야 쌓았다고 말하기에는 좀 뭣하지만, 나머지에는 수준 높은 건축공학적 지식과 기술이 담겨 있다. 보기엔 간단하고 어설퍼 보여도 몇 백 년이 지난 지금도 튼튼히 잘 남아 있는 다리들이 많다.

이런 다리 중에서도 압권은 일명 '구름다리'라고도 하는 홍예교虹霓

橋이다. 양 끝을 처지게 하고 가운데는 무지개처럼 둥글게 해 아치Arch 모양을 하고 있다. 2,000년 전 로마시대부터 건설되었을 정도로 오래된 다리 형태다. 쌓는 방법은 홍예석이라 불리는 쐐기 모양으로 생긴 돌을 한 단씩 연속해서 좌우에서 안으로 오므려 쌓아 올리다가 맨 위 정점에서 마지막 돌인 이맛돌[Key Stone]을 단단히 끼워 넣어 완성한다. 가운데가 둥글게 솟은 곡선의 멋도 훌륭하지만 웬만해서 무너지지 않는 견고성도 자랑한다.

우리나라 사찰에는 홍예교가 많다. 고고한 멋이 돋보여 사찰의 다리로 참 제격이라는 느낌이 든다. 계곡을 따라 올라가다 문득 그 아름답고 올올한 모습을 마주할 때면 마치 선계仙界라도 들어서는 양 황홀

경주 불국사 청운교·백운교(국보 제23호)

한 기분이 든다. '홍예'는 '무지개'라는 뜻으로 사용하지만, 본래는 중국 설화에 등장하는 홍과 예, 두 마리 암수 용龍을 가리키는 말이었다. 평소 하늘에서 머물다가 목이 마르면 맑은 물을 마시기 위해 지상의 맑은 냇가로 내려온다고 한다. 이들의 모습이 구불구불한 반원형처럼 생겼기에 훗날 '무지개'를 뜻하는 글자로도 쓰인 것이다. 물과 밀접한 관계인 용, 곧 홍예가 물 위를 가로지르고 있다고 생각하면 홍예교의 의미가 더 잘 다가올 수 있다.

사찰의 홍예교로 가장 오래된 것은 무려 1,200년도 더 된 불국사 청운교青雲橋·백운교白雲橋 및 연화교·칠보교(국보 제22호)이다. 연화교와 칠보교를 딛고 올라가면 평평한 대지가 나오고, 다시 그 위에 있는 청운교와 백운교를 오르면 경내로 들어서게 된다. 아래 위의 다리 사이에 작은 공간을 둔 것은, 거침없이 오르기만 하지 말고 잠깐 숨도 돌리며 스스로를 되돌아보는 시간도 가지라는 의미가 담겨 있는 것 같다.

조선시대는 '홍예교의 나라'라고 불러도 될 만큼 홍예교가 애호되었다. 아름다움 면에서 최고로 꼽는 순천 선암사 승선교와 송광사 삼청교를 비롯해, 여수 흥국사 홍교, 양양 낙산사 홍예교, 고성 건봉사 홍예교 등 훌륭한 작품들이 적잖게 남아 있다.

특히 건봉사에는 능파교(일명 산영교山映橋), 육송정 홍교(보물 제1337

순천 선암사 승선교(보물 제400호)

고성 육송정 홍교(보물 제1337호)

여수 흥국사 홍교(보물 제563호)

虹), 문수교, 청련교, 백운교 등 홍예교가 5개나 있고, 북쪽에도 금강산의 아름다운 경치를 배경으로 한 발연사鉢淵寺 홍예교가 김홍도, 정선 등 거장들이 그린 그림에도 등장할 만큼 유명했다.

꼭 홍예교가 아니더라도 어떤 다리에든 차안과 피안, 세간과 출세간을 하나로 이어준다는 상징이 담겨 있다. 그래서 다리는 곧 희망이자 만남이니, 밋밋하게 생겼을지언정 모든 다리가 다 소중하다.

"현명한 사람은 다리를 놓고, 우둔한 사람은 담장을 쌓는다."라는 아프리카 속담이 있다. 우리나라에 반야교, 해탈교라는 이름이 많은 것과 꼭 들어맞는 말이다. '해탈도 하고 반야도 이루리라' 하는 마음으로 다리를 밟고 건너면, 근심과 걱정, 슬픔일랑은 어느새 깨끗이 씻겨 없어져 버릴 것 같다.

문, 속진俗塵을 씻어내는 진속眞俗의 경계

사람의 정서와 인문적 관점에서 보자면 건축의 완성은 문門이라고 말하고 싶다. 사람으로 하여금 안전하고 편안히 지내게 해주는 건축은 담과 벽으로 외부를 막아주고 지붕과 처마로 비바람을 가려주지만, 문이 없으면 내가 사는 공간이 바깥과 서로 이어지지 않고 고립되거나 차단되어 버리기 때문이다. 실제로 모든 건축은 가장 마지막에 문을 달아냄으로써 완성된다.

닫아놔야 안정되고 편할 때도 있지만, 그러다가도 어느 순간 활짝 열어젖혀야 막힌 게 뚫리며 소통과 발전의 계기가 된다. 따라서 문은 시대의 역사와 문화가 되기도 하다. 남대문·동대문 같은 웅장한 도성문에는 왕조의 찬란한 위용이 서려있고, 시골집의 작은 사립문에서는 푸근한 고향의 정이 느껴진다. 사찰의 문에는 심오한 교리와 간절한 바람이 담겨 있다.

여러 건물들로 이뤄지는 가람의 구성을 보면 불교전래 초기에는 꼭 필요한 문만 배치되며 가람의 중심을 잡아주었다. 금당이 자리한 중심 영역을 열어주는 중문, 그 아래 남쪽 한가운데에 자리하여 경내의 전체 출입구가 되는 커다란 대문 등이다. 궁궐 형식에서 영향을 받은 듯한 이런 구조는 평양 청암사지, 익산 미륵사지, 경주 황룡사지 등 7세기 고구려·백제·신라의 대찰에 두루 적용되었다.

9세기 말에 이르러 전국의 명산에서 꽃을 피우기 시작한 선종의 영향으로 산사가 속속 들어섰다. 이에 따라 가람배치도 점차 산지 지형에 맞게끔 달라졌는데, 그 중 두드러진 변화가 여러 종류의 산문山門들이 세워진 점이다. 경내부터 산 아래 입구까지 기다랗게 이어지는 산길 길목마다 자리하면서 절을 찾는 구도求道의 걸음에 철학적 의미를 더해주었다.

부산 범어사 일주문(보물 제1461호)

고창 선운사 일주문

장흥 보림사 사천문(천왕문)

조선시대에 산문의 의미가 더욱 강조되며 서로 다른 이름을 갖는 다양한 문들이 세워졌다. 진리가 하나임을 떠올리고(일주문), 신중님의 가피를 받아서(천왕문) 드디어 극락의 세계에 들어서는 기쁨을 느꼈다(안양문). 그런즉 산문은 곧 절을 찾는 사람들을 위한 건축이었던 것이다. 그래서 사찰 문을 "다른 장소와 구분시키고 성역화하거나 위엄을 부여

보은 법주사 천왕문

하려는 전형적인 예"라고 하는 백과사전의 설명은 진정한 의미를 제대로 못 짚었다는 생각이 든다.

산사에는 많은 문이 있다. 세상의 숱한 건축 공간 가운데 산사만큼 다양한 문을 갖춘 데도 드물다. 올라가는 길 초입부터 여러 문들을 하나하나 지남으로써 절에 다가가는 마음이 더욱 맑아지고, 산에 점점

정읍 내장사 천왕문

하동 쌍계사 금강문

깊숙이 들어간다는 감흥도 높아지게 된다. 이렇게 다양한 산문들이 자리해 있음은 중국이나 일본의 절에는 없는 우리 산사만의 특징이다.

절 입구에 들어서서 처음 대하게 되는 건 대개 일주문一柱門이다. 글자 그대로 '기둥이 하나'인 문인데, 일렬로 양쪽에 하나씩 세워졌으니 실제로는 둘인 셈이다. 오직 두 개의 기둥만으로 무거운 처마를 얹고

고성 건봉사 불이문

춘천 청평사 회전문(보물 제164호)

있어 때론 위태하고 힘겨워 보인다. 굳이 이렇게 지은 까닭은 진리란 오직 하나이고, 수행과 공부의 기다란 여정의 출발점은 저마다 다르지만 그 끝은 결국 하나임을 나타낸 것이라는 해석도 있다.

네 개의 기둥을 세우면 자연스레 작은 공간이 마련되는데, 그 안에 신장상을 배치하는 이른바 신장문神將門들도 많다. 천왕문[사천왕문]과

영주 부석사 안양문

경주 불국사 자하문

누, 가장 먼저 마주하는 건물

일주문에서 경내에 이르는 길을 다 걸어 올라오면 이제는 웅장한 누樓가 보인다. 이 누를 넘어서면 본격적인 사찰 경내이다. 누는 누문樓門, 혹은 누각樓閣이라고도 부르며, 2층으로 이루어져 있는 경우가 많다. 하지만 사실 누와 각은 서로 다른 의미이다. 기둥과 기둥 사이에 칸막이가 있는 것이 누이고, 칸막이 없이 개방된 것이 각이다.

누의 명칭과 의미

누는 어느 사찰이든 경내에 들어설 때 가장 먼저 마주치기 때문에 절의 얼굴이라고 할 수도 있다. 또 풍수적 입장에서도 기운이 빠져나가지 않도록 한다는 의미에서 매우 중요시 여겨졌다. 그래서 절마다 다양한 명칭의 누를 확인할 수 있다. 붉은색 글자는 사진 속 누의 이름들이다.

가운루駕雲樓 구름을 타고 앉아 있듯이 높고 맑은 자리에 있다는 뜻. 의성 고운사(경북 유형문화재 제151호)

가학루駕鶴樓 고고함의 상징인 학을 타고 있는 듯이 맑은 기운이 머물러 있다는 뜻. 청송 대전사

반학루伴鶴樓 고고한 학과 함께 어울릴 만한 곳이라는 뜻. 예천 용문사

운학루雲鶴樓 구름과 학이 노닐 만한 산 깊고 맑은 곳이라는 뜻. 청양 장곡사

강선루降仙樓 신선이 내려올 만한 곳이라는 뜻. 순천 선암사

대선루待仙樓 신선이 내려와 머물며 그를 알아보는 인간을 기다리는 곳이라는 뜻. 순천 선암사 대각암

광명루光明樓 지혜의 밝은 빛이 비추일 만한 곳이라는 뜻. 대구 달성군 남지장사

의성 고운사 가운루

순천 선암사 강선루

관명루觀溟樓 속계를 떠나 그윽함을 바라보는 곳이라는 뜻. 여수 은적암

관향루觀香樓 향기로운 법향法香이 피어오름을 바라보는 곳이라는 뜻. 대구 관음사

남덕루覽德樓 덕을 바라보는 누. 곧 덕을 닦아 태평성세가 되어 봉황이 깃드는 곳이라는 뜻. 봉황은 태평성세에 인간세계에 나타난다고 한다. 안동 봉황사

여수 흥국사 봉황루

강화 전등사 대조루

보화루寶華樓 극락세계의 아름다운 연꽃을 바라본다는 뜻. 영천 은해사

봉황루鳳凰樓 봉황이 내려앉는 누라는 뜻. 봉황은 상서로운 의미도 있으며 또한 종종 풍수風水적으로 이해되기도 한다. 남해 용문사, 여수 흥국사

망양루望洋樓 끝없는 바다 같은 부처님의 덕을 바라본다는 뜻. 종로 청룡사

대조루對潮樓 끝없이 힘차게 움직이는 바다에 면한 곳이라는 뜻. 강화

경주 불국사 범영루

전등사(인천광역시 문화재자료 제7호)

만경루萬經樓 만권의 경전을 소장한 누라는 뜻. 강진 백련사

무루전無漏殿 번뇌가 없는 곳이라는 뜻. 누漏는 번뇌를 말한다. 고흥 수도암(전남 문화재자료 제156호)

범영루泛影樓 연못에 그윽이 떠 있는 그림자를 바라볼 수 있는 누라는 뜻. 불국사가 창건될 당시에는 범영루 아래에 인공 연못이 있었다. 경주 불국사

서울 봉은사 법왕루

부안 내소사 봉래루

법왕루 法王樓　법왕, 곧 부처님을 모시는 곳이라는 뜻. 서울 봉은사

봉래루 蓬萊樓　신선이 산다는 봉래섬과 같은 경치를 지니는 곳이라는 뜻. 부안 내소사

쌍계루 雙溪樓　두 갈래 시내가 하나로 모이는 곳이라는 뜻. 장성 백양사

안양루 安養樓　극락세계로 들어서는 곳이라는 뜻. 영주 부석사, 김천 직지사

사자루 獅子樓　백수의 왕 사자의 용맹함을 부처님의 법에 비견한 뜻. 경

장성 백양사 쌍계루

김천 직지사 안양루

구례 화엄사 보제루

산 원효암

청풍루淸風樓 맑은 바람이 불어오는 누각이라는 뜻. 양주 봉선사, 청도 신둔사

보제루普濟樓 이 세상의 중생을 널리 구제하겠다는 뜻. 화엄사(전남 유형문화재 제49호)·범어사·금산사·태안사·남원 선국사·곡성 태안사

만세루萬歲樓 부처님의 법이 만세토록 밝게 이어진다는 뜻. 고창 선운사(보물 제2065호)·파주 보광사·청도 운문사

청도 운문사 만세루

안동 봉정사 우화루

우화루雨花樓 부처님이 계신 하늘로부터 이 세계에 꽃비가 내린다는 뜻. 안동 봉정사, 익산 숭림사, 화암사 우화루(보물 제662호)

침계루枕溪樓 시내를 베개 삼아 누웠다는 뜻. 곧 시내를 바라보고 있는 누라는 의미를 지닌다. 순천 송광사, 해남 대흥사, 문경 김룡사 대성암

이렇게 누에는 그 사찰의 주변 환경과 의미에 따라 다양한 명칭이 붙여졌다. 이런 이름들의 뜻을 잘 살펴보면 누가 자리한 사찰의 신앙과

사격까지 알 수도 있다. 또 누는 다른 전각과 달리 내부에 어떤 상설像設을 해야만 할 의무가 없기 때문에 비교적 자유롭게 건물 이름을 지을 수 있었으므로 사찰의 운치를 살리는 이름을 쓸 수 있었다.

이 다양한 명칭 가운데 가장 많이 쓰이는 이름은 보제루·만세루·우화루·침계루이다. 적어도 조선시대에 있어서 가장 대중적인 누의 이름이지 않았을까 싶다. 혹은 위와 같은 이름 외에 누각을 종각과 겸용하면서 그 기능에 따라 붙인 범종루梵鍾樓도 전국의 사찰에서 흔히 볼 수 있다.

누의 현대적 활용

누를 활용하는 방법으로 두세 가지가 있다. 우선 누 안에는 널찍한 공간이 있기 때문에 여기에서 일반인을 위한 법회나 강의가 열리기도 한다. 이것이 사실 누의 본연의 역할이자 기능이기도 하다.

그렇지만 그 밖에도 절을 찾는 사람들과 신도들을 위한 몇 가지 활용방안이 더 있다. 작은 산사의 경우 여러 사람들이 모일 수 있는 공간이 큰 사찰에 비해 작다. 이럴 때 누를 이용하면 좋다.

혹은 경기도 남양주시 수종사의 삼정헌三鼎軒처럼 무료 찻집으로 꾸며 오가는 사람들에게 쉴 수 있게 하는 것도 괜찮을 것이다. 사찰의 적정寂靜의 이미지에 걸맞게 참선의 공간, 명상의 공간으로 활용하는 것도 좋다. 청도 적천사 무차루無遮樓의 경우가 이에 해당한다.

어쨌든 누라는 것은 사찰 경내를 포근히 감싸 안으며 이 안에서 밖을 바라다보며 자연을 감상할 수 있는 공간이다. 그래서 절의 여러 건물 가운데서도 가장 매력적이고 친근한 공간이 바로 누라고 할 수 있다.

그런데 누의 기능은 이것에 그치지 않고 또 다른 목적이 있다. 누 안에는 널찍한 공간이 있기 때문에 현판이나 편액 등을 걸어두고 보관하기도 한다. 말하자면 사찰 역사의 소중한 기록물 보관 장소인 셈이다.

남양주 수종사 삼정헌

그 외에 누를 아주 멋있게 활용한 사찰도 많다.

예를 들어 청도 적천사처럼 잡다한 물건은 다 치워버려 깨끗하고 널찍한 공간을 만들어낸 다음 그 한가운데에 다기茶器가 올려진 자그마한 책상 하나, 그리고 창문 가까이 연꽃이 피어 있는 수반 하나만 놓음으로써 고요한 적정의 세계로 만들어 놓았다. 이것은 누의 절묘한 미학적 공간 활용이라고 할 만하다.

또는 앞서 언급했듯이 남양주 수종사처럼 절을 찾는 대중들이 밖의 경치를 감상하면서 차 한 잔을 음미하도록 무료 다실로 꾸며 놓은 곳도 있다. 누구든 절을 찾는 사람을 위해 휴식의 공간으로 만든 경우라고 할 수 있다. 그 밖에도 누는 여러 형태로 활용될 수 있다. 어느 경우든 우리나라 사찰의 넉넉함을 잘 대변하는 공간이 바로 누라 할 수 있다.

삼정헌에 마련된 차와 다구

10장

사찰의 역사와 문화를 알려주는 기록, 편액과 주련 그리고 현판

편액과 주련
-전각에 걸린 아름다운 글씨

절에 가보면 여러 건물들이 들어서 있다. 그런데 건물들을 자세히 보면 그 하나하나의 기능과 용도가 다 다르고 또 격식에도 차이가 있는 것을 느끼게 된다. 그래서 옛 사람들은 건물마다 고유의 이름을 붙임으로써 그 건물의 의미를 단박에 알 수 있도록 하였는데, 그것이 바로 편액扁額으로 직사각형 나무판자에 건물의 이름을 적은 것이다.

편액은 건물 바깥 처마 아래에 걸리는데, 대체로 가로가 세로보다 길지만 때로는 세로가 더 긴 경우도 있다. 편액은 말하자면 집의 문패와 마찬가지라서 이것만 보고서도 그 건물의 기능과 어떤 종류의 불상이 봉안되어 있다는 것을 알 수 있다.

편액의 의미가 더욱 돋보이는 것은 여기에 서예사적 측면도 가미되어 있어서다. 지고한 불상을 모신 전각에 거는 편액이니 온 정성을 다해 최고의 글씨로써 장엄하려는 것은 당연한 일이었다. 그래서 지금에 와서는 편액 글씨 가운데는 서예의 중요한 작품으로 인정되는 경우가 많은 것이다.

편액 글씨를 쓴 사람들의 신분은 다양했다. 왕이 직접 써서 사찰에 내린 사액賜額에서부터 추사 김정희와 같은 저명한 학자이자 서예가, 그리고 조선시대의 고위 관료, 또 흥선대원군 이하응 같은 당대의 세도가 등등 다양한 계층의 인물들이 기꺼이 자신의 글씨로 부처님을 모신 전각의 이름을 썼다. 뿐만 아니라 근대에 들어와서는 우리가 익히 아는 고승들이 쓴 편액도 꽤 많이 볼 수 있다.

요즘은 한글 편액도 심심찮게 보이지만, 대부분 편액은 한자로 쓰여 있고 또 어떤 것은 읽기 난해한 초서로 되어 있어 더욱 알아보기 어렵기

서울 봉은사 '판전'
편액(김정희 글씨)

부안 내소사 '대웅보전'
편액(이광사 글씨)

정릉 흥천사 '흥천사'
편액(흥선대원군 글씨)

고양 흥국사 '약사전'
편액(영조 글씨)

남양주 봉선사
'큰법당' 한글 편액
(운허스님 글씨)

도 하다. 하지만 편액이란 것이 전각의 이름을 적어놓은 단순한 명패가 아니라 부처님을 봉안한 장소를 지극한 정성으로 장엄하려는 마음의 발로였고, 나아가 우리 선조와 고승들의 체취가 그대로 배어 있는 훌륭한 문화유산임을 생각할 때 좀 더 관심을 기울일 필요가 있다.

사찰 건축에는 하나하나마다 강한 개성이 보인다. 처마 아래와 기둥에 편액, 현판, 주련 등을 걸어둠으로써 바라보는 사람에게 저마다의 이름과 이야기를 적극 설명해주려 한다. 대웅전, 극락전, 약사전, 나한전 같은 법당들은 편액扁額이 있음으로써 그들 고유의 성격이 우리에게 더욱 뚜렷이 다가온다.

예로부터 사찰에서는 이 편액을 중요하게 여겨 당대 최고 명사들의 글씨로 걸어놓으려 했다. 더 나아가 이를 매개로 하여 이웃나라와의 문물 교류가 이뤄지기도 했다. 고려 때인 1118년 예종이 개성 안화사安和寺를 중수하면서 송나라에 사신을 보내 뛰어난 필적妙筆을 구하자, 송 휘종이 그것을 듣고 손수 '能仁之殿 능인지전'이라는 금당 편액 글씨를 써주었다. 또 태사太師인 채경蔡京에게도 명하여 일주문 편액으로 '靖國安和之寺 정국안화지사'라는 글씨를 쓰게 해서 하사했던 일이 있다(《고려사》〈세가〉 '예종 13년조').

전각의 성격을 드러내는 데 있어서 편액 못잖게 중요한 게 주련柱聯

이다. '주련'이란 기둥이나 벽에 걸어 놓은 연구聯句, 곧 여러 개로 이어진 글귀를 말한다. '영련楹聯'이라고도 한다. 처음에는 상서로운 글귀를 종이에 써서 기둥에 붙였다가 나중에는 아예 목판에 글씨를 새겨 기둥에 걸었다. 주련은 몇 개가 되었든 전각을 바라보아서 맨 오른쪽부터 순서대로 글씨가 이어진다.

주련을 거는 풍습은 중국에서 오대五代에서 시작되어 명明·청淸 대에 성행했으므로, 우리나라도 대략 그와 비슷했을 것이다. 건물의 의미를 설명하는데 있어서 아주 효과적이라 최대한 건물과 조화를 이루며 주련이 걸리곤 했다. 주련 역시 단순히 전각을 장엄하는 데 그치지 않고 전각의 의미와 가치를 이해하는 데 있어서 필요한 내용이라고도 할 수 있다.

편액이 건물의 이름이라면, 주련은 그의 말[言]이다. 주련이 건물 안쪽이 아니라 바깥쪽 기둥에 걸린 것은 많은 사람들로 하여금 이를 읽게 해서 무언가를 전해주기 위해서다. 말하자면 가르침과 고지告知의 기능이 주련에게 있다. 또 멋진 시구들을 적어놓기도 하여 절의 아름다운 경관을 감상하며 예술적 감흥을 일으키게도 한다.

주련으로 즐겨 쓰이는 글귀는 인격수양이나 수복강녕을 기원하는 말, 아름다운 자연을 읊은 옛 시구 등 다양하다. 또는 해당 건물의 성격과 관련된 글이 걸리기도 한다. 이런 특징은 궁전, 민가, 사찰 등에 두루 적용되었다.

주련이 사찰 건물에 언제부터 등장했는지 분명하지 않다. 적어도 조선시대 중기 이후 널리 퍼졌을 것으로 생각된다. 우리나라에서 가장 오래된 영주 부석사 무량수전 등 고려 말 건축에 주련이 걸려 있지 않고, 또 이들의 기둥 어디에도 주련을 매달았던 흔적이 보이지 않아서다. 주련의 배치는 앞면 오른쪽에서 왼쪽으로 연결되는 게 보통이고, 왼쪽에서 뒤 그리고 오른쪽 벽 기둥에 이르기까지 빙 둘러 배치되기도 한다.

주련의 내용은 대웅전, 극락전, 약사전 등 건물의 성격에 맞춰 경전에 나오는 구절들이 선택되었다. 석가불을 봉안한 대웅전에는《화엄경》이나《법화경》,《대지도론》등 석가모니의 가르침이 생생히 묻어나 있는 글이 주로 인용되고, 극락전에는 아미타불을 찬탄하는 내용이 주를 이룬다. 마찬가지로 다른 전각에도 그 전각에 봉안한 불보살을 찬탄하는 경전 구절이 주련을 장식하는 구절로 인용되었다. 그 중에서 대웅전과 극락전 주련에 가장 많이 보이는 구절을 소개하면 다음과 같다.

(1) 若人欲了之 약인욕료지

만약 어떤 사람이

(2) 三世一切佛 삼세일체불

삼세의 모든 부처님을 알고자 할진대

(3) 應觀法界性 응관법계성

마땅히 법계의 본성을 관하면

(4) 一切唯心造 일체유심조

일체가 오직 마음으로 지은 것임을 알리라.

《화엄경》 중 4구게

종로 조계사 대웅전, 김천 직지사 종각, 삼각산 도선사 호국참회원 주련

김천 직지사 황악루 주련

(1) 天上天下無如佛 천상천하무여불

천상천하 어느 곳에도 부처님같이 거룩하신 분 없나니

(2) 十方世界亦無比 시방세계역무비

시방세계 어디에도 비교할 데 없네.

(3) 世間所有我盡見 세간소유아진견

세상천지 온누리 다 돌아보아도,

(4) 一切無有如佛者 일체무유여불자

부처님같이 존귀하신 분 다시없도다. 《대지도론》

동두천 자재암 대웅전 주련

아산 봉곡사, 영암 도갑사, 여수 향일암, 경북 각화사, 대구 동화사, 포항 오어사 대웅(보)전, 청송 대전사 보광전, 문경 봉암사 금색전, 소요산 자재암 대웅전, 삼각산 삼성암 대웅전 주련

(1) 佛身普遍十方中 불신보편시방중

부처님의 법신은 시방에 두루 계시니,

(2) 三世如來一體同 삼세여래일체동

삼세여래도 모두 한결같으시네.

(3) 廣大願雲恒不盡 광대원운항부진

광대한 서원의 구름은 항상 다함이 없고,

(4) 汪洋覺海渺難窮 왕양각해묘난궁

드넓은 깨달음의 바다는 아득하여 헤아리기 어려워라. 《석문의범》〈대장전청〉

인천 용궁사 관음전 주련

공주 동학사, 보은 법주사, 영동 영국사, 곡성 태안사, 문경 김룡사, 영천 은해사, 김천 청암사의 대웅(보)전 및 예천 용문사 대장전, 도봉산 광륜사 대웅전, 관악산 연주암 대웅전, 북한산 승가사 대웅전, 인천 용궁사 관음전 주련

(1) 極樂堂前滿月容 극락당전만월용

극락당 앞의 보름달 같으신 모습,

(2) 玉毫金色照虛空 옥호금색조허공

옥호에서 금색을 발하여 허공을 비추시네.

(3) 若人一念稱名號 약인일념칭명호

만일 어떤 이가 일념으로 그 명호 부르면,

(4) 頃刻圓成無量功 경각원성무량겁

잠깐 사이 무량공덕을 원만히 이루리. 《석문의범》 장엄염불

서울 봉원사, 속초 신흥사, 예산 보덕사, 서산 부석사, 예산 향천사, 구례 천은사, 무주 안국사, 의성 고운사의 극락(보)전, 춘천 청평사 극락보전, 논산 개태사 극락보전, 양양 명주사 극락전 주련

춘천 청평사 극락보전 주련

한편 선시禪詩를 새긴 주련도 적지 않다. 정자나 누각의 주련이 대부분 시로 장식된 예에 비추어 보면 운치를 잘 살린 우리나라 사찰 전각에서 당연한 현상이다. 울산 석남사 같은 곳은 유독 선시 주련이 걸린 전각이 많다. 주로 많이 인용된 글귀 중 하나를 소개한다.

(1) 靑山疊疊彌陀窟 청산첩첩미타굴

첩첩한 푸른 산은 아미타의 굴이요,

(2) 蒼海茫茫寂滅宮 창해망망적멸궁

망망한 큰 바다는 적멸의 궁이로다.

(3) 物物拈來無罣碍 물물염래무가애

세상사 모든 일에 걸림이 없으니,

(4) 幾看松亭鶴頭紅 기간송정학두홍

소나무 끝에 앉은 학의 머리 붉은 것을 몇 번이나 보았던가.《석문의범》〈장엄염불〉

원주 상원사 대웅전, 청송 보광사 대웅전, 삼각산 화계사 대적광전

원주 상원사 대웅전 주련

위 시를 원효스님의 게송이라 말하기도 하지만 분명하지 않다. 그밖에 조주선사, 경봉스님 등의 선시도 사찰 주련에 많이 보인다. 조선시대 서산대사의 선시가 보이는 다음의 주련은, 이 우주는 석가모니나 아난이 나타나기 이전부터 있었으니 불법이 다 무어냐는 것인데, 이런 표현이 오히려 불법의 깊고 그윽함을 찬탄하는 뜻을 지니고 있다.

(1) 古佛未生前 고불미생전

옛날 부처님 나기 전

(2) 凝然一相圓 응연일상원

응연히 한 둥근 모습이었네.

(3) 釋迦猶未會 석가유미회

석가도 몰랐거늘

(4) 迦葉豈能傳 가섭기능전

가섭이 어찌 전했으랴. 《선가귀감》

의성 고운사 나한전, 안성 청룡사 대웅전, 공주 마곡사 대웅보전, 북한산 노적사 나한전, 남한산성 망월사 극락보전

안성 청룡사 대웅전 주련

주련에 담긴 핵심 의미는 과연 무엇일까? 주련의 역사가 오래되고 내용이 다양해 이를 뭉뚱그려 한마디로 말하기 어렵지만, "주련은 그 절의 좌우명이며, 보는 사람으로 하여금 깨닫는 데도 도움을 준다."는 말이 요체를 잘 짚은 것 같다.

이렇게 주련은 전각을 장식할 뿐만 아니라 경전의 내용을 압축해서 알려주는 기능도 있다. 요즘 식으로 말하자면 불법에 대한 정보이자 지식인 셈이다. 다만 한자로 어려운 내용을 썼기에 그 뜻을 이해하기 어렵다는 문제가 있다. 전각 앞에 경관에 어울리게 작은 주련 안내판을 놓는 것도 생각해볼 만하다.

현판

현판懸板은 편액과 비슷한 모양을 하고 있다. 그런데 편액이 전각의 이름을 적은 것인데 비하여 현판은 사찰의 불사 내역이나 중창 및 중건 등의 역사가 기록되어 있다. 그래서 편액이 서예의 영역이라면 현판은 역사의 영역에 속한다고 볼 수 있다.

현판은 이렇게 한 사찰의 역사를 담고 있기 때문에 소중한 기록물이 아닐 수 없다. 그리고 옛날 사람들은 크고 작은 불사 뒤에는 꼭 현판에 그 일의 전말을 적어 넣음으로써 뒷사람들로 하여금 잊지 않도록 했다. 우리나라 대다수 사찰이 문헌으로 전하는 역사가 극히 빈곤한 현실에서 이 현판이야말로 그 같은 공백을 메우는 중요한 자료이다. 따라서 지금부터라도 이 현판을 보호하고, 거기에 적힌 내용을 많은 사람들이 읽어볼 수 있도록 번역해서 알리는 노력이 필요하다.

현판은 대체로 법당의 안팎에 걸리거나, 혹은 누 내부에 걸려 있다. 어느 경우든 사람들이 쉽게 볼 수 있도록 위치와 높이를 조절하고, 내용을 잘 읽을 수 있도록 옮겨 적어놓아야 효율적으로 활용할 수가 있을 것이다.

순천 송광사 〈연천옹유산록〉 현판(홍석주 지음)

양산 통도사 〈성담상게〉 현판(김정희 찬문)

| 지은이 | **신대현**

동국대학교 사학과를 졸업하고, 동 대학원 미술사학과에서 석사와 박사를 받았다. 1992년부터 2005년까지 전국 900여 전통사찰 및 절터를 답사하며 《전통사찰총서》(사찰문화연구원) 전 21권을 기획 공동집필했다.
저서로 《한국의 사리장엄》, 《한국의 사찰 현판》(전 3권), 《옥기(玉器) 공예》, 《진영(眞影)과 찬문(讚文)》, 《적멸의 궁전 사리장엄》, 《우리 절을 찾아서》, 《경산제찰을 찾아서》, 《닫집》, 《테마로 읽는 우리 미술》, 《강원도 명찰기행》 등 불교미술 관련서, 《전등사》, 《화엄사》, 《송광사》, 《불영사》, 《성주사》, 《대흥사》, 《낙가산 보문사》, 《봉은사》, 《은해사》, 《갓바위 부처님 : 선본사 사지》, 《낙산사》, 《대한불교보문종 보문사 사지》 등 사찰 역사문화서들이 있다. 그 밖에 한시(漢詩)에 보이는 사찰의 문화와 역사를 해설한 《명찰명시》를 지었으며, 조선시대 최대의 사찰답사기인 《산중일기》를 번역했다.
1985~1986년 호림박물관 학예사, 2000년 동국대학교 박물관 선임연구원, 1999~2000년 대구효성가톨릭대학교 예술학과 겸임교수, 2006~2007년 뉴욕주립대(스토니브룩) 방문학자(Visiting Scholar)였으며, 현재 능인대학원대학교 교수이다.

불교미술 이해의 첫걸음

신 대 현 지음

2020년 11월 27일 초판 1쇄 발행

펴낸이 오일주
펴낸곳 도서출판 혜안

등록번호 제22-471호
등록일자 1993년 7월 30일

주소 [04052] 서울시 마포구 와우산로 35길3(서교동) 102호
전화 3141-3711~2 **팩스** 3141-3710
E-Mail hyeanpub@hanmail.net

ISBN 978-89-8494-651-4 03220

값 18,000 원

이 도서는 한국출판문화산업진흥원의 '2020년 출판콘텐츠 창작 지원 사업'의 일환으로
국민체육진흥기금을 지원받아 제작되었습니다.